見方 考え方を働かせて学ぶ
社会科授業モデル
3・4年

澤井 陽介 編著

明治図書

はじめに

2020年４月から，新学習指導要領（平成29年３月告示）が全面実施になります。

新学習指導要領では「総則」に，「児童が各教科等の特質に応じた見方・考え方を働かせながら，知識を相互に関連付けてより深く理解したり，情報を精査して考えを形成したり，問題を見いだして解決策を考えたり，思いや考えを基に創造したりすることに向かう学習の過程を重視」することが示されています。すなわち，「見方・考え方を働かせた深い学び」の実現を求めているのです。

そうはいっても，新たに教科となった道徳科や外国語をどう指導するか，といった課題への対応で慌ただしくて，「『見方・考え方』を各教科等の特質に応じて学んでいる暇などない！」といった状況ではないでしょうか。

そこで本書では，前段の説明ページで，

①学習指導要領に示されている内容をしっかり見れば，「見方・考え方」の多くは自ずと見えてくること

②従来の指導方法と大きく変わるのではなく，これまで大切にしてきた教科の本質を確認し，「その教科らしい授業」を求めていること

を理解していただきたいと思います。その上で，後段の実践ページによって，たくさんの例から，①②を確かめていただきたいと思います。単元の指導計画に☆として主な見方・考え方の例を，その右枠にそれを生み出す手立てを適宜入れ込む形で社会科らしい学びを誘導しています。

ただし，本書に掲載されている事例は，新学習指導要領の全面実施の前から，先行的に取り組んでいただいた実践例です。指導力，実践力のある多くの先生方の力をお借りしましたが，まだ十分な検討を経ていない内容や教材も多くあります。特に学習評価については，原稿執筆の段階ではまだ新しい方向やそれに沿った具体策が文部科学省から示されていない状況でした。

そこで，読者の皆様には，本書の実践を例に，あるいは土台として，よりよい指導計画を考えていただきたいと思います。すなわち，授業づくりのための材料にしていただきたいのです。

子どもが「見方・考え方を働かせて学ぶ」授業づくりをあまり難しく考えずに，子どもはどんな問いをもつか，どんな予想をするか，どのように思考が動くのか，などと子どもの頭の働かせ方を考えるような気持ちで，授業づくりに臨んでほしいと思います。そうすれば，結果的に「見方・考え方を働かせて学ぶ」授業になっている，これが真実ではないかと思うからです。

最後になりましたが，本書の作成・編集に当たっては，明治図書出版の編集部の皆様，特に及川誠様に，様々なご支援・ご助言をいただきましたことに，この場をお借りしてあらためてお礼申し上げます。

2019年６月

澤井　陽介

第1章

「見方・考え方」を働かせて学ぶ
社会科授業デザイン

社会科らしい視点や方法を使って
子どもが主体的に地域を学ぶ

1 「社会的事象の見方・考え方」とは

「見方・考え方」とは「物事を捉える視点や考え方」であると，学習指導要領（総則・平成29年告示）では説明されている。小学校社会科では，それを「社会的事象の見方・考え方」と称して，次のように説明している（「学習指導要領解説　社会編」平成29年７月）。

> 位置や空間的な広がり，時期や時間の経過，事象や人々の相互関係などに着目して（視点），社会的事象を捉え，比較・分類したり総合したり，地域の人々や国民の生活と関連付けたりすること（方法）

これらの視点や方法を駆使して，社会的事象の特色や相互の関連，意味を考えたり，社会に見られる課題を把握して，社会への関わり方を選択・判断するのである。

「考え方」ではなく「(方法)」としているのは，「比較・分類したり総合したり」「関連付けたり」という部分が他教科にも共通する思考方法だからである。一方で，「地域の人々や国民の生活と」関連付けることは，社会科らしい「考え方」，すなわち社会的事象の意味に迫る考え方であると言える。

「社会的事象の」見方・考え方と称している意味は，社会的事象，すなわち社会における物事や出来事をどのようにとらえるかが大切だからである。はじめから「社会的な」と方向付けるのではなく，まず目の前にある事実をどう見て，どう考えるか，そうした社会科らしい学び方を表していると言える。

特に，位置や空間的な広がりの（空間的な）視点，時期や時間の経過の（時間的な）視点，事象や人々の相互関係の（関係的な）視点が列記されているように，社会科の内容の根っこには，地理的・歴史的・公民的な内容が混ざり合って存在する。子どもたちが，社会科の学習でこのことを意識しながら，社会的事象を見たり考えたりしていくように，教師が授業を工夫することが大切である。また，「など」と表現されているように，人物の思いや考え，生産の工程，地域の課題など，着目すべき視点は，上記の３つ以外にも存在する。したがって，柔軟に考えることが大切である。

2 「視点」とは

中央教育審議会答申（平成28年12月）に示された資料の中に，小学校社会科において考えられる「視点」の例として，次のように示されている。

○位置や空間的な広がりの視点
　地理的位置，分布，地形，環境，気候，範囲，地域，構成，自然条件，社会的条件など
○時期や時間の経過の視点
　時代，起源，由来，背景，変化，発展，継承，向上，計画，持続可能性など
○事象や人々の相互関係の視点
　工夫，努力，願い，つながり，関わり，協力，連携，対策，役割，影響，多様性と共生（共に生きる）など

例であるので，まだ他にも考えられる視点があろう。

これらは概念と言うこともできる。社会科の学習を通して，その学年の内容に応じて最終的に獲得する概念と言うよりも，各学年の学習において何度も何度も使う概念と言った方がよいであろう。そのため「視点」と称しているのである。

例えば，「○○の分布」「○○の変化」「○○と○○の連携」と言えば，視点ではなく「調べる事項」になる。「○○」に社会的事象や固有名詞などが入るからである。これらすべてを視点と言ってしまうと，もはや視点だらけになってしまう。

ではなぜ視点が大事なのか。それは，ただ社会的事象を調べるというと，あれもこれも調べることになってしまうからである。例えば，「Ａスーパーマーケットを調べる」というだけでは何を調べるか不明である。逆に言えば「トイレの数」でも「従業員の数」でも何でもよいことになってしまう。そこで教師は，「Ａスーパーマーケットのお客さんの住む地域」「売り上げの時間帯による変化」などと，視点を意識しながら調べる事項を明確にしておくことが必要になる。それにより，位置や空間的な広がりの（空間的な）視点，時期や時間の経過の（時間的な）視点，事象や人々の相互関係の（関係的な）視点が自然と生かされ，社会科らしい調べ学習になるわけである。したがって，この３つは視点の柱と言った方がよいであろう。

一方で，留意すべき点もある。各学年のすべての内容に対し，３つの柱に位置付く視点をすべて入れ込もうとする必要はないという点である。すべてを入れ込もうとすると内容がどんどん増えてしまう。そもそも歴史学習では，時期や時間の経過が大切であるし，地理的な内容の学習では位置や空間的な広がりが大切である。まずは，それを重視すればよい。しかし，歴史学習でも空間的な視点などが必要な場合もあるし，地理的な内容の学習でも関係的な視点などが必要な場合もある。その場合には加えればよい。その判断基準は，あくまでも単元目標の実

現である。単元目標を実現するために必要であるかないかで判断することである。そして必要な場合のみ「足し算」すればよいわけである。また，繰り返しになるが，この３つの視点の柱にばかり縛られずに，その他の視点もあることを忘れないようにしたい。

 第３学年と第４学年の内容における「視点」

実際に，各学年の内容にはどのような視点が位置付けられているか。学習指導要領に示されている内容のうち「○○に着目して」を見れば，そのことが分かる。

第３学年の内容におけるその部分を抜き出すと，次のようになる。

(1)イ(ア)　都道府県内における市の位置，市の地形や土地利用，交通の広がり，市役所など主な公共施設の場所と働き，古くから残る建造物の分布など
(2)イ(ア)　仕事の種類や産地の分布，仕事の工程など
　イ(イ)　消費者の願い，販売の仕方，他地域や外国との関わりなど
(3)イ(ア)　施設・設備などの配置，緊急時への備えや対応など
(4)イ(ア)　交通や公共施設，土地利用や人口，生活の道具などの時期による違い

さらにここから視点を抜き出してみると，次のように整理できる。

位置，地形，広がり，場所，分布，配置　……位置や空間的な広がりの視点
時期　……時期や時間の経過の視点
働き，願い，関わり，対応　……事象や人々の相互関係の視点
種類，工程，備え　……その他の視点

第４学年の内容については，次のようになる。

(1)イ(ア)　我が国における自分たちの県の位置，県全体の地形や主な産業の分布，交通網や主な都市の位置など
(2)イ(ア)　供給の仕組みや経路，県内外の人々の協力など
　イ(イ)　処理の仕組みや再利用，県内外の人々の協力など
(3)イ(ア)　過去に発生した地域の自然災害，関係機関の協力など
(4)イ(ア)　歴史的背景や現在に至る経過，保存や継承のための取組など
　イ(イ)　当時の世の中の課題や人々の願いなど
(5)イ(ア)　特色ある地域の位置や自然環境，人々の活動や産業の歴史的背景，人々の協力関

係など

さらにここから視点を抜き出してみると，次のように整理できる。

位置，地形，分布，経路，（自然），地域，環境　……位置や空間的な広がりの視点
過去，（歴史的）背景，当時，経過，保存，継承　……時期や時間の経過の視点
願い，協力（関係）　……事象や人々の相互関係の視点
仕組み，課題，活動　……その他の視点

このように年間の単元配列を通じて，３つの視点の柱（＋α）が網羅されるような仕組みになっているのである。

第３学年と第４学年の内容における「方法」（考え方）

では，「方法」（考え方）については，各学年の内容にはどのように位置付けられているか。学習指導要領に示されている内容のうち「〇〇を考える」と，そこに関する解説を見れば，そのことが分かる。

まず，第３学年の内容におけるそれらを抜き出してみる（下線部）。

(1)イ(ア)　場所による違いを考え　＊一部割愛
〔解説〕場所ごとの様子を比較したり，（…など）土地利用の様子と，（…などの）社会的な条件や（…などの）地形条件を関連付けたりして，市内の様子は場所によって違いがあることを考え，…

(2)イ(ア)　地域の人々の生活との関連を考え
〔解説〕生産の仕事の様子と地域の人々の生活を結び付けて，地域に見られる販売の仕事と地域の人々の生活との関連を考え，…

イ(イ)　それらの仕事に見られる工夫を考え
〔解説〕観点を設けて，販売の仕方を分類したり，それらと消費者の願いを関連付けたりして，販売の仕事に見られる工夫を考え，…

(3)イ(ア)　相互の関連や従事する人々の働きを考え
〔解説〕関係機関の働きを比較・分類したり，結び付けたりして，関係機関の相互の関連を考え，…また，関係機関に従事する人々の活動と地域の人々の生活を関連付けて，関係機関の働きを考え，…

(4)イ(ア)　それらの変化を考え

〔解説〕…などを相互に関連付けたり，市の様子の変化と人々の生活の様子の変化を結び付けたりして，…など市全体の変化の傾向を考え，…，

また，第４学年の内容におけるそれらを抜き出すと，次のようになる。

＊一部割愛

(1)イ(ア)　地理的環境の特色を考え
〔解説〕…などの情報を総合して，自分たちの県の概要や特色を考え，…

(2)イ(ア)　それらの事業が果たす役割を考え
〔解説〕…事業に見られる仕組みや人々の協力関係と地域の人々の健康や生活環境を関連付けて，それらの事業が果たす役割を考え，…

(3)イ(ア)　その働きを考え
〔解説〕…被害状況と災害から人々を守る活動を関連付けて，…など，それらの活動の働きを考え，…

(4)イ(ア)　人々の願いや努力を考え
〔解説〕…保存したり受け継いだりしている人々の工夫や努力と地域の人々の願いを関連付け，文化財や年中行事を受け継ぎ保存していることの意味を考え，…，

(5)イ(ア)　それらの特色を考え
〔解説〕…特色ある地域の人々の活動や産業とそれらの地域の発展を関連付けたり，自分たちの住む地域と比較したりして，その地域の特色を考え，…

こうして抜き出して並べてみると，「関連付ける」思考が多いことに気付くはずである。一口に「意味」といっても，社会科では，「社会的な」意味のことを指す。それは，人々にとって，私たち国民にとって，ひいては社会にとっての意味である。だから，「地域の人々や国民の生活と関連付け」るという方法（考え方）が大事になるのである。

実際の授業においては，比較・分類や総合という思考方法は，毎時間のように必要になるであろう。２枚の写真資料を比べて問いを生み出したり，調べたことをまとめて（総合して）特徴を表現したりすることは，社会科の授業では当たり前の活動と言える。したがって，方法（考え方）についても，学習指導要領に示されたことだけを考えるというわけではないのである。そこで，「このことは必ずしっかりと考えるようにするのだ」と受け止めればよい。

5　子どもが見方・考え方を働かせる社会科の授業づくり

ここからは，子どもが社会的事象の見方・考え方を働かせて学ぶようにする社会科の授業づくりについて考えていきたい。見方・考え方を働かせるのは子どもであるが，新学習指導要領

では，そうなるように教師が授業設計や指導方法を工夫・改善することを求めている。
　具体的には次の事項をよく考えるとよい。

(1)　教材化の視点を工夫する
(2)　問題解決的な学習を工夫する
　①　問いの構成の工夫
　②　資料提示の工夫
　③　対話的な学習活動の工夫

1　教材化の視点を工夫する

　本章では教材を「学習者である子どもと学習内容とを結び付けるための材料」と規定しておく。このことを学習指導要領の内容（「地域に見られる販売の仕事」）で考えてみたい。

第３学年の内容
(2)ア(イ)　販売の仕事は，消費者の多様な願いを踏まえ売り上げを高めるよう，工夫して行われていることを理解すること。
　イ(イ)　消費者の願い，販売の仕方，他地域や外国との関わりなどに着目して，販売に携わっている人々の仕事の様子を捉え，それらの仕事に見られる工夫を考え，表現すること。

　アが理解事項としての学習内容とすれば，イはそれと子どもとを結び付けるための材料ととらえることができる。「○○に着目して」は「調べる事項」であるが，実際の調べる事項はもっと具体的なもの，例えば「消費者が買い物をするときに気をつけていること」「商品の並べ方」「他県からの商品の仕入れ」といった事項である。そこで，これら「○○に着目して」の○○をあらためて「教材化の視点」ととらえるとよいであろう。図にすると次のように整理できる。

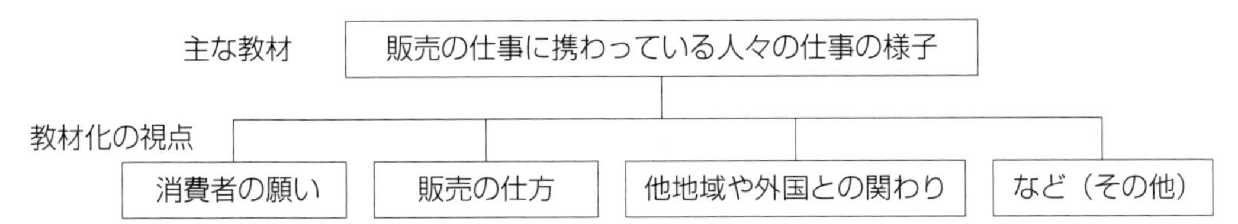

　つまり，大きくとらえれば教材は「販売の仕事に携わっている人々の仕事の様子」であり，そのための教材化の視点は，消費者の願い，販売の仕方，他地域や外国との関わりなどである。すなわちこの教材は，４つ（３つ＋α）の視点で構成されているということになる。ここから，

先述のように調べる事項を具体化していけばよいのである。

ちなみに「など（その他）」は，地域の実態や実際の教材の特性等に応じて，授業者が工夫すべき事柄である。その際，位置や空間的な広がりの（地理的な）視点，時期や時間の経過の（歴史的な）視点，事象や人々の相互関係の（公民的な）視点を「足し算」しなくてよいかと考えてみたらどうだろう。例えば，長い歴史のあるお店ならその点を加えてみるといったことである。もちろん無理に「その他」をひねり出す必要はない。

2 問題解決的な学習を工夫する

① 問いの構成の工夫

「子どもが働かせる」ということを考えれば，視点を問いに変換する方法が効果的である。例えば，「分布を調べる」というより「どのように広がっているか」「どこに集まっているか」と問う方法である。「中央教育審議会答申」（平成28年12月）に示された資料の中には，その趣旨から問いの例も次のように列記されている。

- どのように広がっているのだろう
- なぜ，この場所に集まっているのだろう
- 地域ごとの気候は，どのような自然条件によって異なるのだろう
- いつ，どのような理由で，はじまったのだろう
- どのように変わってきたのだろう
- なぜ，変わらずに続いているのだろう　（以下，省略）

このように視点を問いに変換して届けるようにするのである。

先ほどの教材化の視点とこうした問いを関連付けると，次のように考えられる。

○主な教材「販売の仕事に携わっている人々の仕事の様子」

→　単元の学習問題「Aスーパーマーケットで働く人々はどのようにしてたくさんのお客さんを集めているのだろう」

（予想）売り方の工夫があるのでは？　消費者ニーズと関係あるのかな？

⬇

○教材化の視点

「消費者の願い」　→　本時の問い「お家の人は買い物のときにどんなことを考えるか」
「販売の仕方」　→　本時の問い「なぜ○時にタイムセールをやっているのだろう」
「外国との関わり」　→　本時の問い「なぜ遠い外国から商品を仕入れているのだろう」
「働く人はどこから来ているのか」

このように，事象や人々の相互関係の視点，位置や空間的な広がりの視点などは，単元目標というよりも，１時間ごとの「本時の問い」や教師の資料提示の際の発問に変換されることが多いと想定される。そこで，教師の一方的な単元展開にならないよう，先の図のように単元の学習問題についての予想を通して，子どもから調べる事項が出されるように意図することが大切である。

またこのように，問いは単発ではなく，単元全体を見据えて，全体の構成を考えて設定することが大切である。

② 資料提示の工夫

問いに変換しても，その問いを教師が一方的に提示しては，子どもが働かせることにはならない。そこで，資料提示を工夫して，子どもから問いやそれにつながる疑問が出されるように工夫することが大切である。また「比較しなさい」「関連付けなさい」ではなく，子どもが比較するように，関連付けるように資料提示を工夫する必要もある。

社会科では，これまでも地図や年表，図表などから情報を読み取ることを重視してきた。まずは，こうした資料を必要な場面で十分に生かしていくことが大切である。

ただし，地図を見せれば，子どもが空間的な広がりに着目するとは限らない。年表を見せれば時間の経過に着目するとは限らない。そこには，資料の適切な加工の仕方や提示の仕方が必要になる。どのように提示すれば，あるいはどのように問いかければ，教師が意図した問いにつながる疑問が子どもから出されるのかをよく考えてみることが大切である。

③ 対話的な学習活動の工夫

実際の授業では，子ども同士の交流によって，多様な「見方・考え方」が鍛えられていくことを大切にしたい。見方・考え方は固定的なものとして教え込むものではなく，あくまでも子どもが使えるようにするものだからである。比較したり関連付けたりする思考も子ども同士の対話的な学びから自然と生まれることが多い。

子どもは自分で調べたことや教師から提供された情報をもとにして，知識や互いの意見などを比べたりつなげたりして考え，言葉や文でまとめる。こうした思考や表現の過程を重視して社会的事象の特色や意味などを追究するプロセスが大切である。このプロセスにより，社会的事象の意味には多様な解釈があることを学ぶことにもなる。

また，このことが社会への関わり方を選択・判断する際に大きく影響するはずである。選択・判断する場面は，学んだことを使う場面でもある。「選択」は選ぶことなので，多様な意見や解釈の中から自分の判断で選ぶことができるようになるためにも，対話的な学習活動は不可欠なものである。

（澤井　陽介）

「見方・考え方」を働かせて学ぶ社会科授業モデル

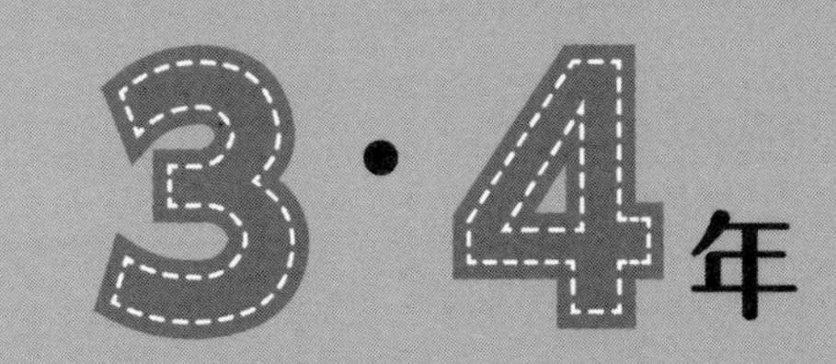

① 身近な地域から視野を広げ市全体の様子を考える事例

1 単元の目標

都道府県内における市の位置，市の地形や土地利用，交通の広がり，市役所など主な公共施設の場所と働き，古くから残る建造物の分布などに着目し，観察・調査したり地図などの資料で調べたりして，場所による違いを考え表現して，身近な地域や自分たちの市の様子を大まかに理解できるようにするとともに，それらの学習を通して，身近な地域や市の様子について，学習問題を主体的に追究・解決し，自分の住む地域や市の様子に関心を高めるようにする。

2 評価規準

知識・技能	思考・判断・表現	主体的に学習に取り組む態度
①観察・調査したり地図などの資料で調べたりして，市の地形や土地利用，交通の広がり，市役所など主な公共施設の場所と働き，古くから残る建造物の分布などについて理解している。 ②調べたことを白地図や文などにまとめ，身近な地域や自分たちの市の様子を大まかに理解している。	①市の地形や土地利用，交通の広がり，市役所など主な公共施設の場所と働き，古くから残る建造物の分布などに着目して問いを見いだし，市の様子について考え，表現している。 ②調べたことを社会的な条件や地形条件と関連付けて，場所による違いを考え適切に表現している。	①身近な地域や市の様子について，予想や学習計画を立てて主体的に学習問題を追究・解決しようとしている。 ②自分たちの住む地域や市の様子に関心を高めている。

単元の内容について

この単元は，「自分たちの市」に重点を置き効果的な指導を行う。市の範囲や広がりをとらえることは，地域社会の生産や販売，安全を守るための諸活動，市の様子の移り変わりを理解するうえで基礎となる。見学調査を行う際は視点を明確にして効果的に行い，白地図にまとめる際の方位や主な地図記号については，地図帳を参照して理解し活用できるようにする。

単元展開例

	○主な問い，学習活動・内容 ☆見方・考え方	□資料　◆指導の手立て 【　】評価の観点
つかむ	問い **学校の周りや札幌市は，どのような様子なのだろう。**（2時間） ☆学校の周りと市内を比較する。 ☆位置や空間的な広がりに着目する。 ○学校の周りと方位を確認し，市の写真に広げて見ていくことで市の様子をつかむ。 ○札幌市の地図を見て，行ったことのある場所や建物について話し合う。	□写真「学校の周りの航空写真」 □写真「札幌市の航空写真」 □地図「市内10区と主な施設や自然」 ◆地図帳を活用し北海道における札幌市の位置をとらえ，市地図から10区に分かれていることをおさえる。 【思①】
	学習問題 **わたしたちが住む札幌市は，どのような様子なのだろう。**	
	☆自分たちの生活と結び付ける。 ○学習問題に対する予想をもとに，調査の方法と目的を明確にして学習計画を立てる。 ・交通はどう広がっているのかな。 ・市役所などの公共施設はどこかな。 ・場所によってどのような違いがあるのかな。	◆広い地域を調査するためには，交通機関を利用する必要があることをおさえる。 ◆生活科「地域探検」での学習を生かして施設や場所を予想するよう助言する。 【態①】
調べる	問い **市には，どのような交通機関があるのだろう。**（1時間） ☆交通の広がりに着目する。 ○地下鉄の路線図から市の交通網の広がりを調べ，小グループで役割分担し，市内四方位を網羅できるような見学の計画を立てる。	□地図「地下鉄の路線図」
	問い **市はどのような様子なのか，見学調査しよう。**（3時間） ☆施設の位置や土地利用の分布に着目する。 ☆公共施設の位置や配置の広がりと利用のされ方を関連付ける。 ○駅周辺を見学したり，駅構内の周辺案内地図を読み取ったりして調査をする。	□地図記号シート（建物・施設，土地利用，交通） □冊子『私たちの暮らしを支える公共交通』 ◆公共施設や土地利用のされ方について地図記号を利用して白地図（大）に整理し，位置付けるようにする。 【知①】

	なぜ，公共施設は地下鉄駅の周りに多いのだろう。（1時間） ☆場所ごとの様子を比較したり，土地利用の様子と地形条件を関連付けたりする。 ○地図（大）から，交通の広がりと公共施設の分布について話し合う。	□地図「調査結果入り市の地図（大）」 □地図「広域マップ＆交通案内」 □地図「バス停留所位置図」 □写真「指定避難所の看板」 □新聞記事「災害　避難所」 □市役所の方の話 ◆避難所の看板や新聞記事，市役所の方の話から，市民生活と市の関わりを考えるよう助言する。 【思①】
	 **市は，場所によってどのような違いがあるのだろう。**（1時間） ○市全体を俯瞰し，地図（大）でまだ調べていない地域について調べる。	□冊子『わたしたちの札幌』 □白地図 ◆単元を通して学んだことを自分の白地図に加筆し，市の様子について考えるようにする。 【思①】【態①】
まとめる	**わたしたちが住む札幌市は，どのような様子なのだろう。**（2時間） ○学習問題を振り返り，白地図に自分の学びをまとめ，発表する。	◆自分の白地図を使って，市の様子を説明できるように練習させ，発表させるようにする。 【知②】

5 指導上の工夫

1 主体的・対話的な学びの工夫

主体的・対話的な学びを深めるには，児童の知りたいという意欲を高め，見通しをもって調査や話し合いを行い，解決をしていくことが大切である。本単元では，身近な地域での学びを市に広げて考えることで，市の様子を学ぶことへの意欲を高める。しかし，実際のところ，市の航空写真では，市街地と郊外地，自然が多い地域と少ない地域など，大まかなとらえしかできない。そこで，地下鉄で調査を行い市の広がりを感じ，各グループの調査結果を総合させることで学びを深めていく。「身近な地域（点）→市の航空写真（面）→地下鉄駅沿線の調査（点）→駅周辺・調査できなかった地域の理解（面)」を繰り返すことで，主体的・対話的な学びの姿を高めていく。

2 「見方・考え方」を働かせた深い学びの実現

この学習で働かせたい見方や考え方は，位置や空間的な広がりに着目して，自分の生活と結び付けて考えられるようにすることを主とし，白地図にまとめる過程を重視する。

「つかむ」では，学校の周りと市内を比較することで位置や空間的な広がりに着目させる。生活科「地域探検」での学習を生かし，施設や場所を予想し，実生活との関わりから追究の視点を整理する。

「調べる」では，社会的事象の見方・考え方を働かせ，交通の広がりに着目して見学し，調査後は読み取った施設の位置や土地利用の分布などを，地図記号を使い白地図（大）にまとめる。その際，施設がどう広がり利用されているかについて，市民の立場から整理することで，市の働きについて考えられるようにする。また，土地利用の様子と地形条件を関連付けたりして，市内の様子は場所ごとに違いがあることについて考える。

「まとめる」では，単元を通して学んだ市の地形や土地の利用，交通の広がり，公共施設の場所と働きなどについて，自分の白地図に加筆させることで，見方・考え方を働かせていく。

なお，新学習指導要領では，市の様子の学習に重点を置くことが明記されている。本実践では，単元の導入に航空写真を活用したが，生活科で児童が作成した絵地図をとっておくと，絵地図よりもさらに詳しく表現する方法について考えさせたり，よりスムーズに平面地図に移行させたりすることが可能である。

また，地図記号を扱う際には地図帳を参照するとともに，使用する地図記号については，「建物・施設，土地利用，交通」に関わるものなどに分類し，白地図に表す際は色丸シールに書いて貼らせると分布をとらえやすくなると考える。

6 資料等

1 追究場面で活用した資料例

これでバッチリ！　『地図記号』

名前

ちょうさで見つけたところは、地図記号であらわそう。
種類ごとに、色分けをしてかこう。

◎利用するたてものやしせつ（公共しせつ）…赤

学校	けいさつ所	交番	しょうぼうしょ	工場
神社	寺院	市役所	区役所	図書館
はくぶつかん	ろう人ホーム	ゆうびんきょく	ぎんこう	びょういん

◎土地をりようしているところ…緑

田	畑	かじゅえん	森林	

◎交通にかかわるところ…青

てつ道	えき	道ろ	港	空こう

地図記号シート

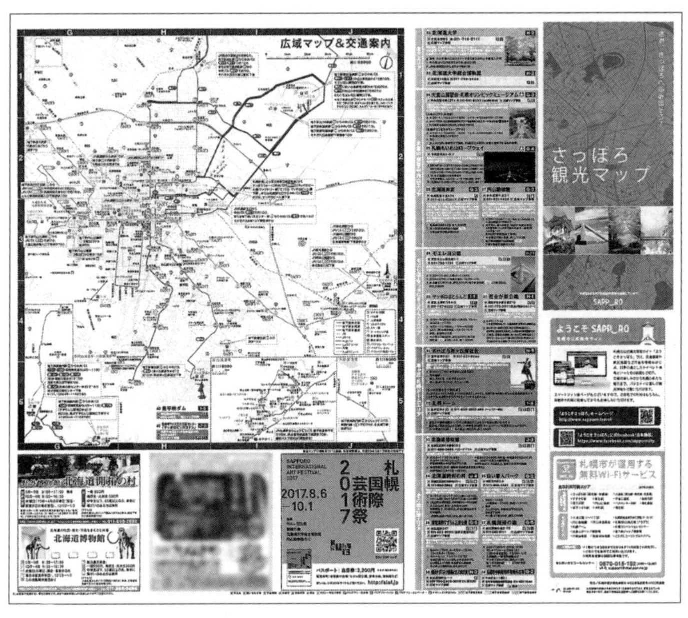

広域マップ＆交通案内（さっぽろ観光マップ）

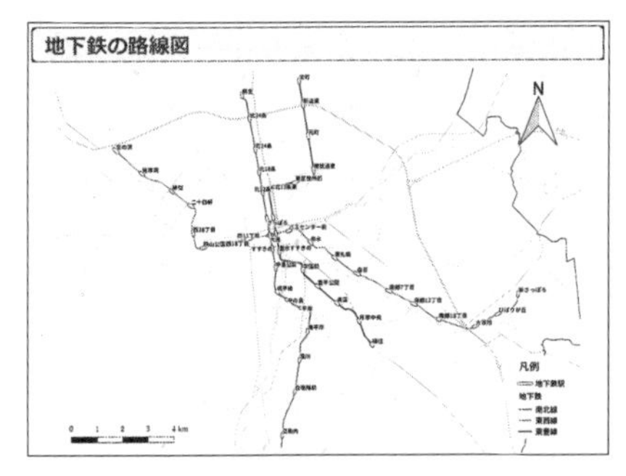

地下鉄の路線図

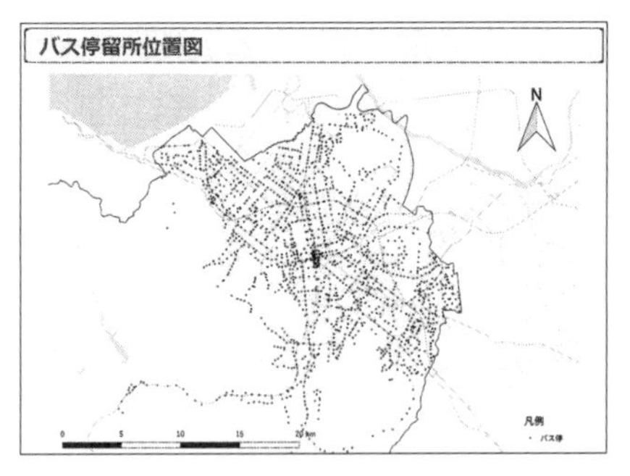

バス停留所位置図

指定避難所の看板

2 情報入手先

- 札幌市が作成した観光マップや指定避難所看板
- 札幌市が作成した交通環境学習用データ素材集
- 新聞記事データベース「災害　避難所」

7 本時の展開（7/10時）

1 目標

公共施設が地下鉄の駅周辺に多い事実を調査結果からとらえ，その理由を考えることを通して，市民が安心して生活を送れるように，市がまちづくりを進めていることを理解できるようにする。

2 展開

主な学習活動（・予想される児童の反応）	□資料　○留意点
1　**調査した結果を記した地図（大）をもとに話し合い，学習問題をつくる。** ・市役所や区役所は駅の近くに多い。 ・図書館や消防署もある。 ・施設と地下鉄は関係があるのかな。	□地図「調査結果入り市の地図（大）」 ○前時に行った，地図記号の分類に基づいて色分けしたシールを貼った白地図を読み取る活動を通して，公共施設と交通の広がりについて考えられるようにする。
なぜ，公共施設は地下鉄駅の周りに多いのだろう。	
2　**公共施設と市民生活の関係を，交通の広がりから考え話し合う。** ・利用者が多いので近いと便利だから。 ・お年寄りも利用しやすいから。 ・市民が相談したり利用したりする施設が多いから。 ・バスの停留所は市内全域にあるから離れた公共施設もバスで行ける。 3　**資料や市役所の方の話から，公共施設の役割と市の働きについて考える。** ・市民が利用できる施設が多くある。 ・市は市民が安心して生活できるように取り組んでいるんだ。	□地図「広域マップ＆交通案内（さっぽろ観光マップ）」 □地図「地下鉄の路線図」 □地図「バス停留所位置図」 ○地下鉄やバスの路線図と，地下鉄沿線にない公共施設とを関連付けることで，市内全域に広げて市の様子をとらえられるようにする。 □写真「指定避難所の看板」 □新聞記事「災害　避難所」 □市役所の方の話 ○災害時に学校が避難所になることを知り，市が市民の安心を考えた取組を行っていることを理解できるようにする。

8 子どもの学びの様子

1 第7時の学習活動と児童の学習感想から

本時では，地下鉄の駅周辺について小グループで調べてきたことをまとめた市地図（大）をもとに，公共施設が駅周辺にある意味について考えた。児童は公共施設の分布と交通網を総合し，点から面へ見方を広げ，利用する市民の視点で二者を関連付けて考えたことが読み取れる。また，学校という身近な場所が避難所になる事例を取り上げることで，市役所の働きについて実感をもってとらえている姿が見られた。

公共施設は，人々のくらしをよくするところだとわかりました。区役所が駅の近くにあると，車がない人やお年寄りに便利だし，雨の日でもぬれないからいいなと思いました。

みんなが使えるように，地下鉄やバスが札幌市にはたくさんあって，その近くに公共施設があることがわかりました。それから，地震のときはびっくりするけど，市役所の人が避難所をつくってくれているから安心だと思いました。

札幌市には地下鉄やバスがたくさん広がっているから，みんなが幸せになっていいなと思いました。市役所の人は，みんなが幸せになれるように考えてくれていることがわかりました。

2 第8時の学習活動と児童の学習感想から

第８時では，市内の調査では行けなかった白地図（大）の空白地域について考えた。航空写真からは緑が多い地域ぐらいしか分からなかったため，子どもたちは手持ちの白地図に記入されていた10区について，ペアごとに分担して調べた。土地の低いところや高いところ，広々と開けたところと山々に囲まれているところなど，市の地形に注目して発表する姿が見られた。

航空写真を見たときは南区に山が多いなと思いました。そこから豊平川が流れていることを初めて知りました。西区のシンボルマークは三角が手稲山，白色の２羽の鳥がWを表していて，おもしろかったです。

白地図にかき込む児童

9 実践のまとめ

1 子どもの姿から

児童は公共施設の分布と交通網を総合させ，点から面へ見方を広げ，利用する市民の視点で二者を関連付けて考えたことが読み取れる。また，公共施設を扱った際に，学校という身近な場所が避難所になる事例を取り上げることで，市役所の働きはもとより，自分たちの住む地域や市の様子に関心を高めている姿や愛着をもっている姿が見られた。

ぼくは東西線に乗りました。今までも地下鉄に乗ったことはあったけれど，みんなで地下鉄に乗って調査してみると，駅の近くにはみんなが使う公共施設がたくさんあってびっくりしました。学校が避難所になると，いつも通っているところだから安心だし，どの地域にも学校はあるからいいなと思いました。

地下鉄駅の近くには，公共施設がいっぱいあって，遠いところにはバス停がたくさんありました。だから，どこに住んでいても安心だなぁと思いました。札幌市はちゃんと考えてつくっているから，すごいと思いました。

2 考察

この実践から，見方・考え方を働かせるには，児童の「どうしてだろう，知りたい」という問題意識を大切にし，児童が見通しをもち，追究・解決できるような単元を貫く学習問題を設定することが大切であることをあらためて感じた。それは，身近な地域と比較しながら市の様子について考え，地下鉄の路線図を見た際には，児童が自分たちで解決の道筋を立て，単元を通して追究・解決ができたからである。

また，本単元における「見方・考え方を働かせる」とは，主に「位置や空間的な広がりに着目して（視点），社会的事象を捉え，比較・分類したり総合したり，地域の人々や国民の生活と関連付けたりすること（方法）」を用いて，社会的事象について調べ，考えたり，選択・判断したりすることであると考えた。本実践において児童は，交通の広がりと公共施設の分布の関係（第７時）について，調査結果を記入した白地図を見ながら，自分の生活と結び付けて学びを深めることができた。また，自分たちの調査で行けなかった地域について，白地図に何も記入されていないことから「なんとかして知りたい，調べなければ」という思いを高め，地形や土地利用の様子（第８時）について調べ，とらえることができた。

３年生になり初めて出会う社会科の単元である。だからこそ，どのような「社会的な見方や考え方」を働かせ，鍛えていくのか，意識していくことが大切であると感じた。

（近井　祐介）

3年

▶▶地域に見られる生産の仕事―H食品ではたらくAさんと納豆―（全12時間）

②一つ一つの事象をじっくり見つめ，相互関係に着目することを通して，身近な生産活動の価値に気づく事例

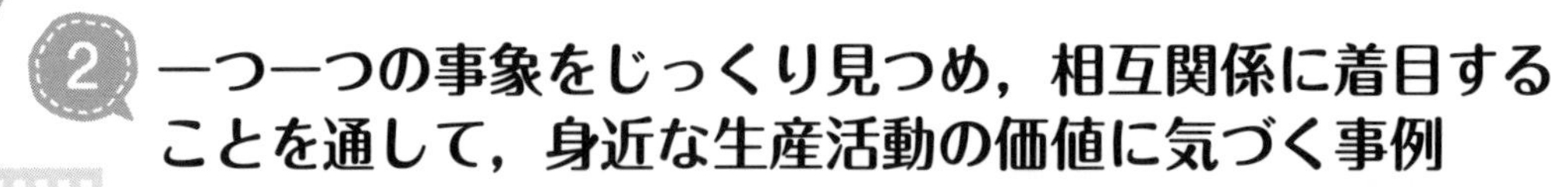

1 単元の目標

H食品の納豆づくり工場を見学したり従業員の方の話を聞いたりして，安全で質のよい納豆をつくるためにH食品で工夫していることや，地域の生産活動と自分たちの生活との関わりを理解できるようにするとともに，学習問題を主体的に追究・解決し，地域の生産活動への関心をもつようにする。

2 評価規準

知識・技能	思考・判断・表現	主体的に学習に取り組む態度
①工場の分布，生産の工程，地域などについて，見学・調査したり地図などの資料で調べたりして，納豆づくりに携わる人々の仕事の様子を理解している。 ②調べたことを工場の見取り図やノートなどにまとめ，生産の仕事は地域の人々の生活と密接な関わりをもって行われていることを理解している。	①工場の分布，生産の工程，地域などに着目して問いを見いだし，納豆づくりに携わる人々の仕事の様子について考え，表現している。 ②H食品の取組や働く人の工夫や努力と自分たちの食生活とを関連付けて考え，表現している。	①H食品の納豆づくりについて，予想や学習計画を立てて主体的に学習問題を追究・解決しようとしている。 ②地域の生産活動に関心をもち，そのよさを考えようとしている。

単元の内容について

生産現場を見学したり映像などを繰り返し視聴したりすることで，生産に携わる人々の努力や工夫を子どもたちの生活と関連付けることができると考えられる。そこで教材を選定するにあたって，「子どもの生活と密接に関わるものを生産していること」「子どもが繰り返し調査したり，直接話を聞いたりできること」「生産者の営みが子どもたちにとって魅力的であること」の３点を大切にした。

単元展開例

	○主な問い，学習活動・内容 ☆見方・考え方	□資料　◆指導の手立て 【　】評価の観点
つかむ	問い **わたしたちのまち（学区や市）にはどのような工場があるのだろう。**（１時間） ☆地図を使って，横浜市の生産活動について空間的な広がりでとらえる。 ○第１単元での学習を想起しながら，まちの中にある生産活動について知っていることを交流する。 ○給食の納豆がＨ食品のものであることから，Ｈ食品について知っていることや知りたいことを話し合い，学習の見通しをもつ。	□地図「学区や横浜市の地図」 □教科書「様々な生産活動の事例」 ◆第１単元の学習を生かせるように，これまで作成・使用してきた地図を活用する。また，子どもの生産活動に対する認識を事前に把握できるように，簡単なアンケートを実施しておく。 【思①】
	問い **普段食べている納豆はどのようにつくられているのだろう。**（２時間） ○国語の学習と関連付けたり，普段食べている納豆のパッケージを観察したりして，納豆のつくり方を調べる。 ○調べたことを話し合い，Ｈ食品の納豆づくりについて学習をしていく見通しをもち，疑問を出し合いながら学習問題を設定する。	□国語教科書「すがたをかえる大豆」 □写真「Ｈ食品の外観・従業員の方」 □子どもの自作資料「納豆のパッケージや納豆について調べたこと」 ◆Ｈ食品の納豆と他の納豆を比較しながら学習していけるように，普段食べている納豆の種類や原材料，つくり方などをある程度知っておけるようにする。
	学習問題 **Ｈ食品の納豆は，どのようにつくられているのだろうか。（他の納豆づくりとは何か違うところがあるのかな。）**	
	○学習問題に対する予想をもとに，学習計画を立てる。 ・どのような工場で何人でつくっているの？ ・１日に何個（何種類）つくっているの？	◆第１単元や第２単元で身につけた追究の視点を生かすようにする。 【態①】
調べる	問い **Ｈ食品はどのようにして１日に7000個の納豆をつくっているのだろう。**（３時間） ☆生産の工程を時間的な経過に着目してとらえる。 ○疑問や予想したことを確認するためにＨ食品を	□Ｈ食品の工場見学 □写真・映像「納豆づくりの様子」 □図表「Ｈ食品の納豆づくりの工程表」 ◆見学してきたことを視覚的に整理できるように，

	見学して，分かったことや発見したことを話し合う。 ○新たな疑問を解決するために調べたり再度見学したりする見通しをもつ。	写真や表などを活用する。 【知①】
	つくられた納豆はどのように出荷されているのだろうか。（１時間） ☆地理的な広がりに着目する。 ○工場で生産された納豆がどのように自分たちのところへ届いているのか，調べたことを話し合う。	□地図「Ｈ食品の納豆の出荷先」 □図表「従業員の一日」 ◆時間的な制約がある中で納豆づくりをしている従業員の工夫に気づけるように，納豆づくり以外の作業にも取り組んでいることを知る。 【知①】
	どのようにして納豆を詰めているのか，もう一度確かめる。（２時間） ○一度目の見学で気になった，機械で納豆を詰めるところ（重さが違う場合はやり直しているところ）をじっくりと見学する。	□模型「納豆を詰める機械」 □映像「機械で納豆を詰めるところ」 ◆問題意識や追究意欲を高められるように，一度目の見学で疑問に思ったことをもとに再度見学する。 【知①】
まとめる	 **（時間がかかるのに）重さをはかってパックに入れるところからやり直す必要はあるだろうか。**（１時間） ☆生産活動の事象を相互に関連付ける。 ○これまで学習してきたことを生かし，Ｈ食品が安全で均質な納豆づくりを大切にしていることについて考える。	◆本気で追究したい学習問題について，これまで学習してきたことを生かしながら話し合えるように，具体的に事実を提示することを促す。 ◆板書で写真を並べて関連付けるようにする。 【思②】
	手作りの納豆は機械を使う納豆と何が違うのだろうか。（１時間） ○機械だけではなく，人の手でも細心の注意を払って生産している事実から，Ｈ食品の生産活動についてまとめる。	□実物「手詰めの商品」 □映像「手で納豆を詰めているところ」 ◆手詰めと機械詰めを比較し，どちらにも共通する点を見いだすよう促す。 【知②】
いかす	 **Ｈ食品ではどのように納豆をつくっているのかを考えよう。**（１時間） ○Ｈ食品の納豆づくりについて考えたことを話し合い，生産活動と自分たちの生活とのつながりについて考える。	□掲示物「これまでの学習の足跡」 ◆Ｈ食品以外の生産活動も同じようなことを大切にしていることを考えられるように，第１時の学習を想起する。 【思②】【態②】

5 指導上の工夫

1 主体的・対話的な学びの工夫

社会科を初めて学習する3年生にとって，学習している社会的事象と自分との関わりが見えたり，その価値に気づいたりすることが，主体的な学びにつながる大切な要素となる。

本単元では「①給食をはじめ，自分たちの生活を支える食品であること」「②学区に工場があること」「③繰り返し見学したり，販売している店に行ったりできること」の3点を大切にすることで，教材を身近に感じ，主体的な学びにつながっていった。

さらに，従業員の均質で安全な納豆づくりに着目しながら学習を進めることで，「そこまでする必要は本当にあるのか？」と，問いを深めることができ，問題解決のために必要感をもって対話をすることができていた。

子どもたちにとって身近な教材の選定と，社会的事象の価値や人の営みの意義について深く考えることができる学習過程を構成することが，主体的・対話的な学びにつながった。

2 「見方・考え方」を働かせた深い学びの実現

① 繰り返し調査・見学したり，体験したりする活動の位置付け

前述の通り，学区にある工場のため，授業の中で2回見学に行くことができた。それでも事実が足りないと感じて自ら工場に行き，従業員に話を聞いてくる子どもも複数いた。

一つの社会的事象でも，複数回見ることで初めて気がつくことがある。そして，1回目の見学で発見した疑問について様々な工程を関連付けて考えることができるようになった。繰り返し見学したことが，「事象相互の関係に着目する」「時間の経過」といった，見方・考え方を働かせることにつながったと考えられる。

② 「見方・考え方」を働かせた対話的な学び→深い学びへ

教室に納豆のパッケージや工場の機械の模型（簡単なもの）を設置することで，子どもたちは空いている時間にその模型を見たり操作したりしながら，H食品の納豆づくりの工夫について迫ろうとしていた。

本時では，実際に重さの違う納豆の実物を渡した。実物を手に取ることで，「そんなに重さは違わないのに……」と，従業員の営みの意義についての考えを深めることができた。実際に操作したり実物を持ったりする共通体験があることで，友達の意見に対しても根拠をもって共感したり反論したりすることができる。

そうして対話的に学ぶことで，社会的事象を多面的に見ることができ，深い学びにつながっていくと考えられる。

6 資料等

1 追究場面で活用した資料例

① 給食での納豆の実食

単元に入る前と，単元に入っている途中の２回，Ｈ食品の納豆を給食で食べることができた。

実際に食べることで，学びへの意欲が高まるとともに，においや味，重さなども実感することができた。ただし，においや味などについては人それぞれ感じ方が違うことに留意したい。

② 工場見学とその振り返り

２回工場見学ができたことが，追究場面で活用される一番の資料となった。

見てきたことを子どもたちが工場の見取り図にまとめたり，従業員の一日を表にまとめたりすることで，見学してきたことを問題の追究場面で活用できるようにした。

工場見学の際には可能な限り写真や動画を撮影した。その写真や動画を子どもたちが繰り返し見ることができるようにすることで，事実を確認しながら話し合いを進める際に活用されていた。

③ 意味追究のために必要な資料（見学ではじっくり見られなかったもの）

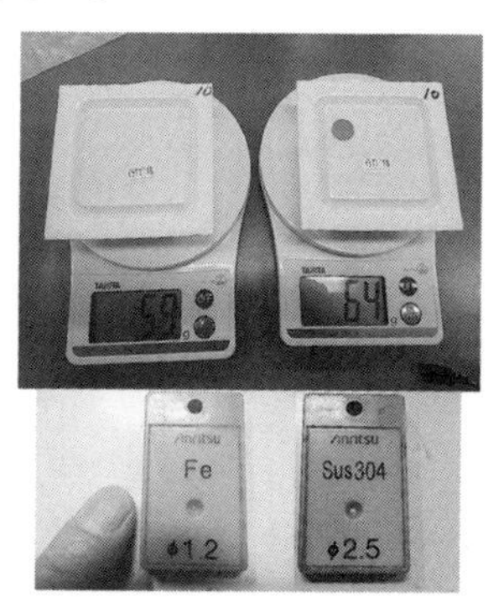

納豆の重さの違いを実感できるように，実際には商品化されない規格外の納豆をつくっていただき，本時で提示した。今回はお願いを快く承諾していただけたが，無理なことが多いと考えられる。その際は実物ではなくても，重さを実物と同じにした２つのものを提示することが可能である。

３年生にとっては，数字だけ提示されても，なかなか実感することが難しい場合もある。できるだけ実物に近いものを提示することで，その意味や価値に気づくことができ，根拠を明確にした発言を生み出すことができる。

2 情報入手先

- Ｈ食品への取材
- Ｈ食品の納豆を販売している商店等への取材

7 本時の展開（10/12時）

1 目標

容器に詰めた納豆の重さをはかり，重さをできるだけ揃えようとすることの必要性について話し合うことを通して，H食品では消費者のことを考えて，なるべく均質な商品をつくろうとしていることを，従業員の様々な工夫と関連付けて考えることができるようにする。

2 展開

主な学習活動（・予想される児童の反応）	□資料　○留意点
1　**学習問題について考えたことを話し合う。**	
重さをはかってパックに入れるところからやり直す必要はあるだろうか。	
・時間がかかってしまうから，重さは気にしなくてもよいと思う。 ・100個中７個くらいは元に戻している。それくらい，気にならないのではないかな。 ・でも，重すぎたり軽すぎたりすると不公平。 ・そんなに重さが違うのかな。	□納豆づくりの工程表・写真・機械の模型 ○一人一人の考えが明確に伝わるように，根拠となる事実を具体的に提示できることを事前に確認しておく（事前の見取り）。 ○子ども同士が対話しながら問題解決ができるように，必要以上に発問をしない。
2　**機械ではじかれている納豆の重さがどれくらいの重さなのかを実感して，従業員の思いに迫る。** ・手で持つと違いはほとんど感じられないね。 ・だからこの作業は機械で行っているんだね。 ・お客さんだけでなく，自分たちの商売のことも考えて，重さを決めているんだ。	□重さが規格内の納豆と規格外の納豆 ○H食品が消費者と生産者の両面を考えて重さを決めていることに気づくことができるように，実際に納豆を持った気づきとこれまでの学習が結び付くように板書で整理をする。
3　**金属等の異物混入を防ぐ検査もしていることから，安心して食べることができる納豆を従業員がつくっていることについて考える。** ・重さだけでなく細かい検査までしている。 ・そこまでして安全な商品をつくっているから，時間がかかってしまうんだね。	□写真「金属探知機による検査」 ○重さの検査や異物混入を防ぐ取組を関連付けながら，H食品の取組の意義に気づけるように，子どもの思考の流れに沿って資料提示をする（無理に提示しない）。
4　**学習を振り返り，H食品の質のよい商品づくりの工夫について考える。** ・時間をかけている分，安心して食べられる納豆をつくることができるんだね。 ・やり直しても協力して作業しているから，多くの納豆をつくることができるんだ。	

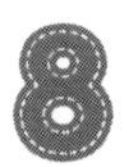

子どもの学びの様子

1 1回目と2回目の工場見学での気づきの変化から

Eさんの1回目の工場見学後の振り返り

> 8人で働いていて，機械の力も使っているから7000個もつくれるのだと思う。

Fさんの1回目の工場見学後の振り返り

> 人手は少ないけど，機械の力も借りているから1日に7000個もつくれるのだと思う。

1回目は「どうして1日に7000個も納豆をつくることができるのか」という視点で見学した。Eさん・Fさんともに，1回目は従業員の数や機械に目が向いていて，「人の努力や工夫」についてはあまり気がついていなかった。しかし，見学で発見したことを振り返りながら人の努力や工夫に目が向いてきて，2回目の見学では見学の視点や気づきがそれぞれ変容してきた。

Eさんの2回目の工場見学後の振り返り

> 重さを調べて納豆をはじいているのはどうしてだろう。圧力なべで圧力を高くして豆を煮ているから，はやくやわらかくすることができる。床がぬれていたのが不思議だった。だから長靴を履いているのだと思う。

Fさんの2回目の工場見学後の振り返り

> 重さがちがうと，値段がちがうので損と得が出てしまうからはじいているのだと思う。納豆を詰める作業を機械がほとんどやっているから，7000個つくれると思う。

2人とも納豆の重さを調べるところに目が向いていた。その中で，H食品がただ数を多くつくることを目的にしているわけではない，ということに気がついているようだった。

見学する際の目的を明確にすることで，学習問題を解決するために必要感をもって2回目の見学に臨むことができ，従業員の取組の意義や価値について深く考えている姿が見られた。

2 本時に至るまでの子どもの主体的な追究場面から

2回の見学を経て，子どもたちは「重さをはかった後に，やり直す必要があるのだろうか」という問題意識をもった。その問題を解決するために，複数の子どもが自主的にH食品を訪れたり，納豆の売り場に行って重さを確かめたりしていた。Eさんは従業員の方のところに行って直接話を聞く等，問題解決のために必要な事実（資料）を自ら探し求める姿が多く見られた。

3 本時後の概念的な知識の獲得につながる学びの場面から

単元の終末に，一人の子どもが教科書に載っている別の工場の事例について，「これ，H食品と同じ工夫だね」と発言した。その発言から，H食品の均質で安全な食品をつくる工夫が，どの工場でも行われていることに学級全体で気づくことができた。

身近な教材について学習する際にも，教科書等を活用することで，学んだ具体的事例の学習を一般化し，概念的な知識を獲得することにつなげることができる。

9 実践のまとめ

1 子どもの姿から

単元導入前に，「生産活動に対するイメージ」についてアンケートをとった。その中では，「広い工場で，人が多く，大きな機械を使って多くの製品をつくっている」という意見が多く見られた。今回学習したＨ食品は，従業員が８名，工場の広さは教室２つ分ほどの工場である。その工場で，１日に7000個以上つくることができることに子どもたちは驚き，意欲的に追究しながら学習することができていた。最初の概念とのずれから，問題意識が生まれた。

子どもの実態を教師が丁寧に見取り，学習前にもっている概念を崩すような導入や事実の提示を行うことで，子どもの追究意欲は高まり，本気で学習に臨むことが期待できる。

単元の振り返りでは，生産活動に対するイメージが大きく変容していた。「自分だったら……」と，自分ごととして考える姿も多く見られるようになった。

８人は少ないと思うけど，その分，分担して仕事を進めていることがすごいと思いました。
他のお店からも納豆をつくってくださいと頼まれてつくっているから，すごく人気があると思います。鉄やステンレスのことも調べていて，時間をかけてつくっているから，お客さんに安心してもらおうとしていることがよくわかりました。

たくさんの場所に出荷していてすごいと思いました。けっこう時間もかかるし，とても疲れるからです。手作りで１時間に400個つくっているのもすごいと思います。わたしだったら，一つつくるのもとても大変だからです。つくるときの手の動きのすばやさにおどろきました。
働いている人もはじめは20人くらいいるかと思っていたけど，８人と知ってすごいと思いました。ラベルをはるところまでは６人で，１日に7000個もつくっていてすごいと思います，わたしだったら手が回らないと思います。

2 考察

年度当初から「対話的な学び」を段階的にレベルアップしてきた成果が見られた。さらに本時に関しては「相互指名」をしつつも，以下の場面で教師が「出て」いくことを大切にした。

- 子どもの発言の内容が不十分なときや，意味が十分に伝わっていないときの問い返し
- 子どもの発言について，意味を深めていきたいと感じたときの資料提示

事前に繰り返し見学したり体験したりしながら，見方・考え方を働かせる学習を進めてきていたため，本時では学習問題が子どもにとって意味を追究したい「本気の問い」となっていた。

そうして学習問題が子どもたちのものになれば，教師が必要以上に出なくても，自分たちで対話的に学びを深めていくことができるということを，本実践を通して実感することができた。

（磯野　哲英）

③ 消費者の願いと関連付けて販売の工夫に迫る事例

1 単元の目標

地域に見られる販売の仕事について，消費者の願い，販売の仕方，他地域や外国との関わりなどに着目して，家庭での買い物の実際や販売店の様子を調べて，販売店の折込広告としてまとめ，販売に携わっている人々の仕事の様子を消費者の願いと関連付けて考え，販売の仕事に見られる工夫を理解できるようにするとともに，学習問題を主体的に追究・解決し，学習したことを今後の生活に生かそうとする態度を養う。

2 評価規準

知識・技能	思考・判断・表現	主体的に学習に取り組む態度
①消費者の願い，販売の仕方，他地域や外国との関わりなどについて，見学・調査したり地図などの資料で調べたりして必要な情報を集めて読み取り，販売の仕事に見られる工夫を理解している。 ②調べたことを広告などに整理してまとめ，販売の仕事は消費者の多様な願いに応え売り上げを高めるよう工夫して行われていることを理解している。	①消費者の願い，販売の仕方，他地域や外国との関わりなどに着目して問いを見いだし，販売の仕事に見られる工夫を考え，表現している。 ②調べたことを消費者の願いと関連付けて販売の仕事の工夫を考え，適切に表現している。	①地域に見られる販売の仕事について，予想や学習計画を立てて，主体的に学習問題を追究・解決しようとしている。 ②販売の仕事について学んだことを自分の生活と結び付けて考えようとしている。

単元の内容について

この単元では，多くの家庭が利用している校区内のスーパーマーケット（以下，スーパーA）を主に取り上げ，消費者の多様な願いを踏まえ売り上げを高めようとする販売者の工夫について学習する。消費者の多様な願いについては，家庭で「買い物調べ」を行い，家族などがよく買い物をする店や買い物する際の工夫について調べたものを学級全体でまとめるようにする。販売者の工夫については，商品の品質管理や売り場での並べ方，値段のつけ方などを取り上げ，それらの工夫が消費者の願いと関連付くようにする。

また，スーパーAの折込広告づくりに取り組むなどして，調べて考えたことを表現できるようにする。

単元展開例

	○主な問い，学習活動・内容 ☆見方・考え方	□資料　◆指導の手立て 【　】評価の観点
つかむ	**問い　わたしたちは，普段，どんなお店によく行くのだろう。**（3時間） ☆消費者の願いに着目する。 ☆「77円」のような価格のつけ方に着目する。 ○よく行く店とその理由について考える。 ○買い物調べの結果をもとに，スーパーAに絞り込み，その工夫について話し合う。	□スーパーAの折込広告 □図表「スーパーAの店内表示」 ◆学級全体で「買い物調べ」を行い，その結果を「よく行くお店グラフ」にまとめるようにする。
	学習問題　スーパーAで働く人は，売り上げを高めるために，どのような工夫をしているのだろう。	
	○学習問題に対する予想をもとに，学習計画を立てる。 ・よい商品を売っているからでは。 ・商品の並べ方や値段のつけ方か。 ・様々なサービスもある。 ・実際に見学に行こう。 ・折込広告にまとめよう。	□図表「スーパーAの店内地図」 ◆「価格」「商品（品質・種類など）」「買いやすさ」など，いくつかの観点にまとめる。それに関連して店で働く人の動きも予想するよう促す。 **【思①】【態①】**
調べる	**問い　スーパーAの売り場には，どのような工夫があるのだろう。**（3時間） ☆消費者の願いとの関係性に着目する。 ○スーパーAに見学に行き，売り場の様子や働く人の動きを調べる。 ○スーパーAの工夫をまとめる。	□文章「見学のしおり」（店内地図，見学のマナー，メモなど） ◆販売者の工夫について，予想をまとめた観点を意識して店内を見学したり，店長の話を聞いたりする。 □写真「スーパーAの店内」 ◆学習問題に対して予想した「観点」に沿ってまとめる。その際，「商品」「買いやすさ」の観点のう

		ち，「産地」「商品の並べ方」などに対する問いを引き出しておき，その後の学習につなげるよう意図する。 【知①】
	 **スーパーAの商品はどこで作られたものだろう。**（1時間） ☆スーパーAの商品の産地を位置や空間的な広がりに着目してとらえる。 ○スーパーAの折込広告にある商品について，その産地を地図帳で場所を確かめ，白地図等にまとめる。	□図表「スーパーAの折込広告」 ◆商品の産地と自分の住む都道府県とを地図上でつなぎ，様々な地域や外国から商品が届いていることを実感できるようにする。 ◆産地が外国の場合は国旗を確かめる。 【知①】
	 **どうして，キャベツをいろいろな大きさで売っているのだろう。**（1時間） ☆食材をいろいろなサイズで売っているスーパーAの工夫を人々の相互関係に着目してとらえる。 ○消費者がニーズに合わせて選択できるようにしているスーパーAの工夫について考える。	□写真「キャベツ売り場，その他の売り場」 □キャベツ（ハーフサイズ・1玉） ◆似た売り方をしている他の商品も取り上げる。 【思②】
	 **スーパーAでは，他にどのような工夫をしているのかな？**（2時間） ○安心で安全な商品を販売するための工夫，誰でも買い物ができるための工夫について考える。 ○リサイクルコーナーやエコバッグの取組の意味を考える。	□写真「生鮮食品コーナーの温度表示，有機野菜」 □スーパーAの宅配のチラシ ◆消費者のニーズに応えるための販売者の工夫が，結果として売り上げを高めることにつながっていることをおさえる。 □写真「リサイクルコーナー」 □エコバッグ ◆持続可能な社会に向けた取組としておさえる。 【知①】
まとめる	問い **スーパーAで働く人は，売り上げを高めるために，どのような工夫をしているのだろう。**（2時間） ○学習問題を振り返り，スーパーAで働く人の工夫を考えながら，店のよさをアピールする折込広告にまとめる。	□折込広告のフォーマット ◆単元の学習を振り返り，調べ考えてきたことを表現するよう促す。 ◆折込広告づくりを行う際，「何を書くか」「なぜ書くか」「どのように書くか」の3観点を意識させるようにする。 【知②】【態②】

5 指導上の工夫

1 主体的・対話的な学びの工夫

① 家庭での「買い物調べ」

子ども一人一人が自分の家族に対して，「どのお店で何を買ったか」「どうしてそのお店を選んだのか」について調べる「買い物調べ」を行う。そうすることで，販売者の工夫と消費者の願いを関連付けて考える際，調査したことをもとに主体的に学習に向かうことができる。

また，「買い物調べ」を学級全体で共有していく中で，多くの家庭がスーパーマーケット，特にスーパーAで買い物していることに気づく。「なぜ，スーパーマーケットで買い物をする家庭が多いのか」「スーパーAに行くには何か理由があるはずだ」のように，話し合いを通して単元の学習問題を設定することができる。

② 調べる観点を明確にしたスーパーAの見学

見学に行く前に，スーパーAの売り場の工夫について子どもの生活経験をもとに話し合い，「価格」「商品（品質・種類など）」「買いやすさ」などのいくつかの観点にまとめておく。そのような対話的な学びを通して，子どもは見学の新たな観点を獲得して主体的に見学に向かうことができるとともに，見学で調べてきたことを共有する際の観点にもなる。

2 「見方・考え方」を働かせた深い学びの実現

① キャベツを様々な大きさで売っている意味を考える活動

スーパーAでは，キャベツを「ハーフサイズ」「1玉」のようにいろいろな大きさで販売している。これは，消費者が使用量によって選択できるようにするための販売者の工夫である。この学習を通して子どもは，販売者の工夫を消費者の願いと関連付けて考えることができる。さらに，「カボチャの1/4サイズと1玉」や「サンマのバラ売りとパック売り」など，他の食材に広げることで，それがキャベツに限定した工夫ではないことに気づくようにする。

② 折込広告にまとめる活動

学習問題に対する追究をもとに，単元の最後に，スーパーAの折込広告にまとめる学習活動を行う。これによって，単元を通して調べ考えてきたことを再構成し，「自分がスーパーAの店長なら」「お客さんにとって」のように，販売者の工夫を消費者の願いと関連付けて考えることができるようにする。

6 資料等

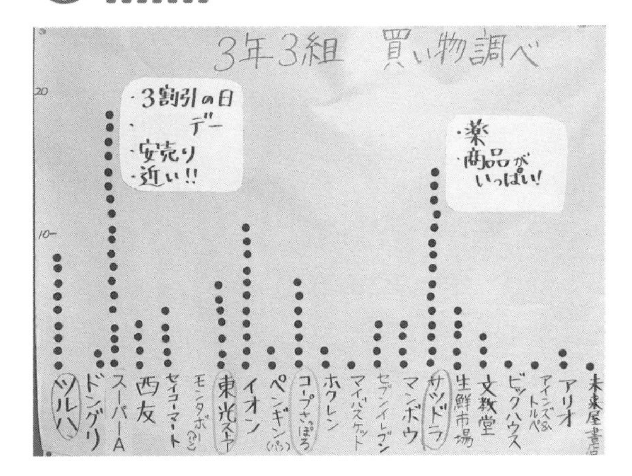

よく行くお店グラフ
（「買い物調べ」の結果をまとめたもの）

スーパーAの折込広告

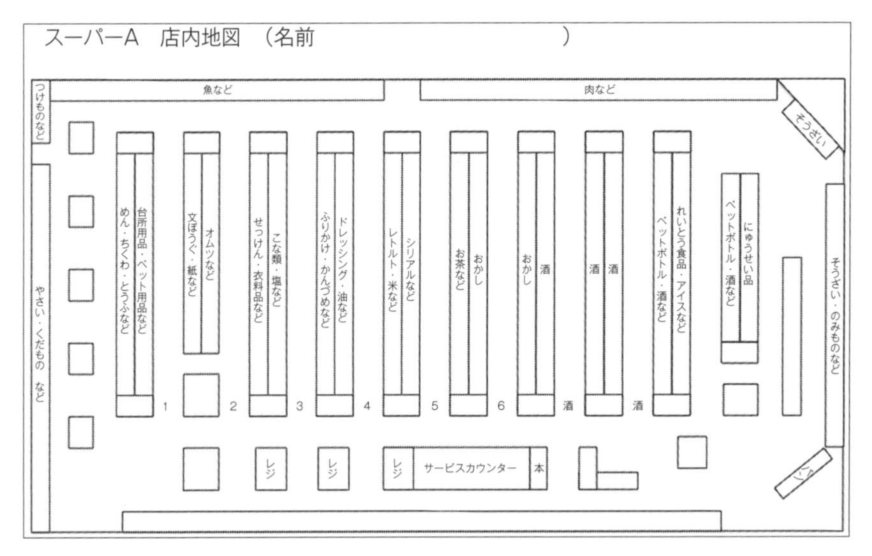

スーパーAの店内地図

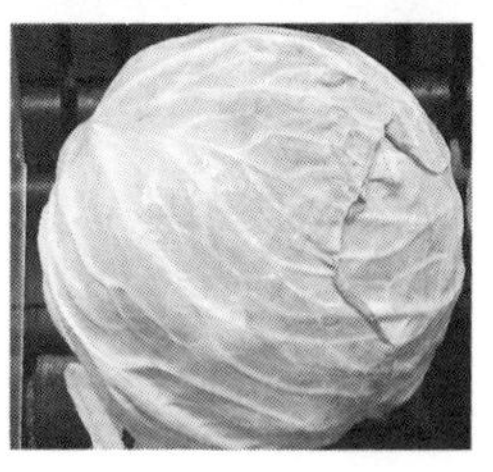

大きさの違うキャベツ

7 本時の展開（8/12時）

1 目標

スーパーＡで同じ食材をいろいろな大きさや数で売ったりしている理由について考えることを通して，食材の使い方によって消費者が選択できるようにしているスーパーＡの工夫を理解できるようにする。

2 展開

主な学習活動（・予想される児童の反応）	□資料　○留意点
1　キャベツを使った料理を思い出す。 ・千切りにしてサラダにする。 ・お好み焼きを作るときにいっぱい使う。 **2　いろいろな大きさでキャベツを売っている意味を考える。**	□１玉サイズのキャベツ ○キャベツが様々な料理で使われ，食卓に欠かせない食材であることをおさえる。 □写真「キャベツ売り場」 □ハーフサイズのキャベツ ○キャベツ売り場の写真を提示し，１玉とハーフサイズの２種類のサイズで売っていることを確認し，問いを引き出す。
どうして，キャベツをいろいろな大きさで売っているのだろう。	
・使い切れない家庭もあるからハーフサイズを売っている。 ・使い切れず余ったらもったいない。 ・ハーフサイズを２個買うよりも１玉買った方が少し安い。 ・たくさん使う家庭は１玉を選ぶ。 **3　いろいろな大きさでキャベツを売っている意味について考えたことをまとめる。** ・様々なお客さんがスーパーに来るから，選べるようにしている。 **4　他の売り場に広げて考える。** ・サンマはバラ売りとパック売りだ。 ・様々なお客さんのために，売り方を工夫している。	○ハーフサイズを売るよさに焦点化して話し合いをした後，「それならば，ハーフサイズだけ売ればよいのでは」と思考を揺さぶる。そうすることで，１玉で売るよさにも目を向けられるようにする。 ○「いろいろな大きさで売ることのよさ」をあらためて問い，「消費者が選べるよさ」をとらえられるようにする。 □写真「その他の売り場（カボチャ，サンマ）」 ○他の売り場を取り上げることで，他の商品でも同様の売り方の工夫をしていることに気づくようにする。

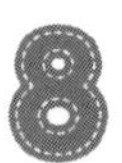

子どもの学びの様子

1 第８時（本時）の学習活動と児童の学習感想から

第８時では，ハーフサイズと１玉サイズの２種類のキャベツの売り方を比較し，それぞれのよさをとらえるとともに，他の売り場に広げて考える学習を展開した。その結果，消費者の多様な願いに対して「お客さんが選べるように」と応える販売者の工夫をとらえる子どもの姿が見られた。

> 少ししか使わないときに１玉しか売ってなくて，１玉買ってあまったらもったいない。いっぱい使うときにハーフサイズを２こ買ったら高いけど，１玉だったら安い。大きいのと小さいのがあるおかげで，買いやすくなる。

> ハーフサイズや１玉などがあって便利です。ほかには，すきな本数をえらべたり，このふくろで何円など，人がすきなだけえらべて便利だと思います。

> スーパーはお客さんの食べられるりょうとかを考えて，バラで売っていて本数をえらべるようにしたり，１玉とハーフサイズで売ったりしていることがわかりました。スーパーの人はいろんなことを考えてはたらいているからすごいと思いました。ハーフとバラいがいにどんな売り方をしているかお店で見てみたいと思います。

2 第11・12時「まとめ」の表現活動から

第11・12時では，スーパーＡの店長になったつもりで「折込広告」を作る表現活動に取り組んだ。それまでに見方・考え方を働かせて調べ考えてきた「消費者の願い」「販売の仕方」などを生かして折込広告を作る子どもの姿が見られた。

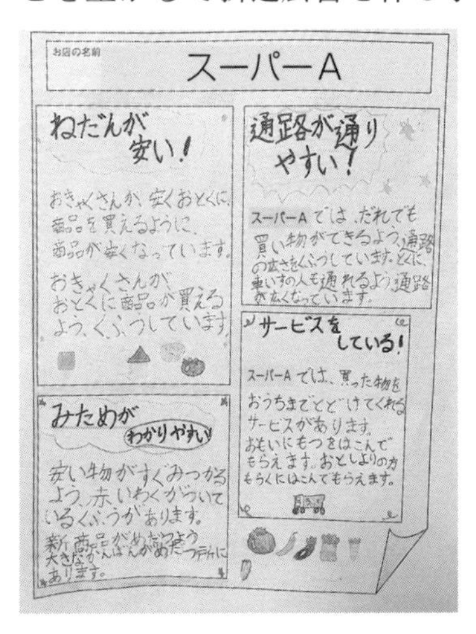

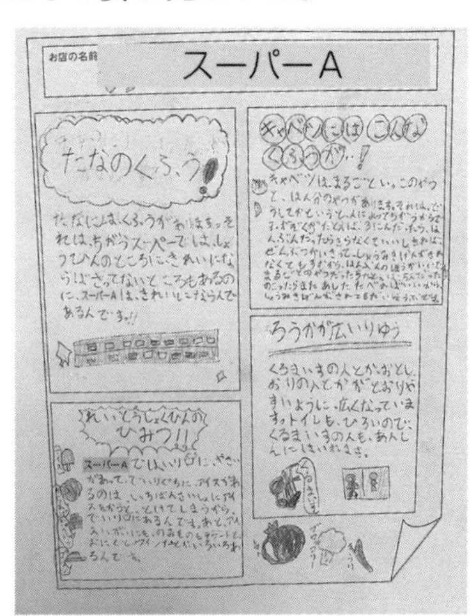

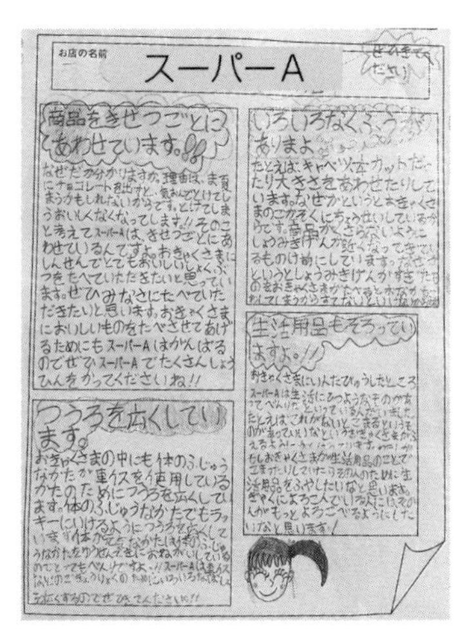

 実践のまとめ

1 子どもの姿から

販売の仕事について，消費者の願いと販売者の工夫を関連付けられるように単元の学習を展開した。その結果，次のような子どもの姿が見られた。自分の生活と結び付けながら，販売の仕事に見られる工夫を理解できたと考えることができる。

○「お母さんがいつも北海道産しか買わないのでどうしてか今度質問してみたい」「ハーフサイズとバラ売り以外にどんな売り方をしているかお店で見てみたい」と，消費者の立場で販売の仕事をとらえ直そうとする子ども

○「お客さんのたくさんの笑顔が見られて，店員さんも喜べることがわかった」「お店の人はお客さんのためにいつも尽くしているんだなと思った」のように，地域に見られる販売の仕事が地域の人々の生活を支えていることに気づく子ども

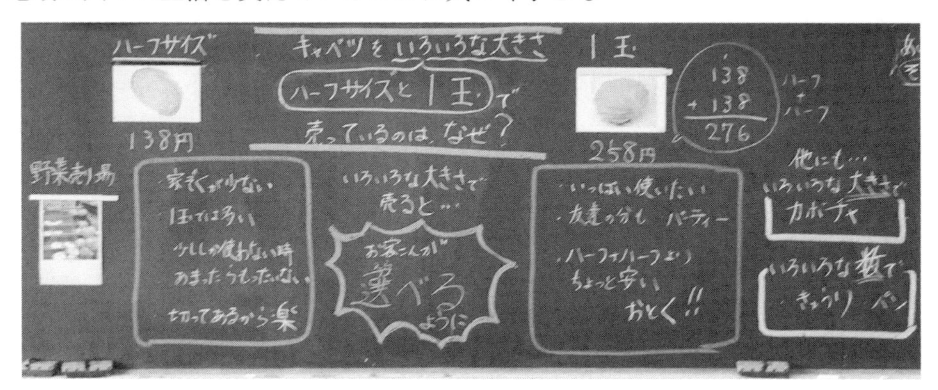

販売者の工夫を消費者の願いと関連付ける学習（本時）の板書

2 考察

本実践を通して，人々の相互関係に着目した見方・考え方を働かせながら，調べ考えたことを表現する学習展開が有効であることが分かった。地域に見られる販売の仕事が自分たちの生活を支えていること，消費者の多様な願いに応えるために販売者が工夫をしていることを子どもがとらえていったからである。

具体的には，①「地域のお店調べ」のような子どもの生活経験を生かす「消費者の立場」での調査活動，②スーパーマーケット見学をもとに，「販売者の立場」と「消費者の立場」とを結び付けながら具体的な販売の工夫について考える学習活動，③学んできたことをまとめ，振り返るための「販売者の立場」での表現活動，という学習展開である。

このように，子どもが人々の相互関係に着目した見方・考え方を働かせることで，社会的事象の本質に迫る深い学びにつながる。

（河嶋　一貴）

④ 見方・考え方を働かせて事故や事件の防止を考える事例

1 単元の目標

地域の安全を守る働きについて，施設・設備などの配置，緊急時への備えや対応などに着目して，見学・調査したり地図などの資料で調べたりして，相互の関連や従事する人々の働きを考え，表現し，警察署などの関係機関は，地域の安全を守るために相互に連携して緊急時に対処する体制をとっていることや，関係機関が地域の人々と協力して事故や事件の防止に努めていることを理解できるようにするとともに，学習問題を主体的に追究・解決し，学習したことをもとにして，地域の安全を守る活動に協力しようとする態度を養う。

2 評価規準

知識・技能	思考・判断・表現	主体的に学習に取り組む態度
①施設・設備などの配置，緊急時への備えや対応などについて，警察署などの関係機関や地域の人々の諸活動を理解している。 ②調べたことを関係図や文にまとめ，警察署などの関係機関は，地域の安全を守るために相互に連携して緊急時に対処する体制をとっていることや，地域の人々と協力して事故や事件などの防止に努めていることを理解している。	①施設・設備などの配置，緊急時への備えや対応などに着目して問いを見いだし，警察署などの関係機関や地域の人々の諸活動について考え，表現している。 ②関係諸機関や地域の人々の諸活動を相互に関連付けて，関係機関や地域の人々の働きを考え，適切に表現している。	①事故や事件から地域の安全を守る働きについて，予想や学習計画を立てて主体的に学習問題を追究・解決しようとしている。 ②学習したことをもとにして，地域社会の一員として自分たちに協力できることを考えようとしている。

 単元の内容について

本単元では，地域の安全を守る働きについて，市内で発生した事故や事件を扱う。ここでは，警察署や消防署などの関係機関が，相互に連携して緊急時に対処する体制をとっていることや，地域の人々と協力して防止に努めていることを取り上げる。その際，本小単元では防止に努めていることに重点を置いて指導する。また，地域の人々が行っている交通安全や防犯に関わる活動の中から，自分たちにも協力できることを考えたり，自分たちの安全を守るために日頃から心がけるべきことを選択・判断したりして，それらをもとに話し合うことなどが大切である。

 単元展開例

	○主な問い，学習活動・内容 ☆見方・考え方	□資料　◆指導の手立て 【　】評価の観点
つかむ	問い **わたしたちの身の回りでは，どのような事故や事件が起きているのだろう。**　（2時間） ☆交通事故や事件の発生件数を時期や時間の経過に着目してとらえる。 ○市内で１年間に起きた交通事故や事件の主な原因や種類，発生件数をつかむ。 ○市内の人口が増加しているにもかかわらず，事故や事件の発生件数は減少傾向にあることから，事故や事件を防ぐ働きに着目し，疑問を出し合う。	□写真「市内で起きた交通事故」 □新聞記事「市内で起きた事件（振り込め詐欺等）」 □統計「市内で１年間に起きた交通事故・事件の発生件数の推移」 □統計「市内の人口の推移」 ◆市内でも交通事故や事件（盗難，振り込め詐欺）などが頻繁に発生していることをおさえる。 【思①】
	学習問題 **事故や事件からわたしたちのくらしを守るために，だれが，どのような取組をしているのだろうか。**	
	○学習問題に対する予想をもとに，学習計画を立てる。 ・対処するための仕組みがある？ ・防ぐための活動をしている？ ・地域の人々も協力している？	◆消防の学習で学んだ視点を生かして予想するようにする。 ・警察・関係諸機関・地域 ・対処・防止 【思①】【態①】
調べる	問い **県や関係諸機関は，どのような取組をしているのだろう。**　（4時間） ☆対処までの時間的な経過や施設・設備の分布や広がりに着目してとらえる。 ○警察官の働きを調べる。 ○110番通報時の連絡体制を調べる。 ○地域の交通安全や防犯に関する施設・設備について調べ，地図にまとめる。	□文章「警察官の話」 □図表「関係諸機関と110番通報の仕組み」 □地図「市内の警察署と交番の配置」 □地図「学区域の施設・設備の配置」 ◆人の命や財産を守るために様々な防止策をとっていることをおさえる。 【知①】
	問い **地域の人々は，どのような取組をしているのだろう。**　（1時間）	□写真「交通指導員の活動の様子」 □写真「こども110番の家」

	☆取組の活動場所について，位置や分布，広がりに着目してとらえる。 ○事故や事件を防ぐための地域の人々の取組を調べる。 ○地域の方から取組の様子を聞き取る。	□地図「学区域の地域の取組マップ」 ◆保護者による交通安全の見守り活動や防犯パトロールも地域の取組の一つであることをおさえる。 【知①】
まとめる	問い **安全なくらしを守るために，警察や地域の人々はどのような取組をしているのだろう。**（1時間） ☆関係諸機関や地域の人々の働きを相互の協力関係に着目してとらえる。 ○これまでの学習を振り返り，事故や事件から人々の命や財産を守るための警察や地域の取組や施設・設備について関係図に整理し，学習問題に対する自分の考えを文章で表現する。	◆関係図にまとめたことをもとにして，自分の考えを文章で表現させる。 【思②】【知②】
いかす	問い **みんなが安全にくらすには，どのようなまちであったらいいのだろう。**（1時間） ○事故や事件が起きない・巻き込まれないために，地域の一員として自分たちができることについて考え，話し合う。 ○話し合いを通して自分の考えを文章でまとめる。	□これまでの学習で活用した資料 □前時にまとめた関係図 ◆警察の働きとして，事故や事件の防止に努めていることをおさえる。 ◆まちや自分自身の安全を守るために，地域の一員として自分たちに協力できることを選択・判断し，話し合うようにする。 【態②】

5 指導上の工夫

1 主体的・対話的な学びの工夫

本単元の調べる段階では，できれば実際に地域で安全を守るための活動に取り組んでいる人（交通指導員，「こども110番の家」に登録している家の人，保護者など）をゲストティーチャーとして呼びたい。その人々が，どのような思いや願いで活動に取り組んでいるのかを対話を通してつかませることで，自分たちも何か協力したいと，自ら地域社会に関わろうとする態度が養われることを期待している。

まとめる段階では，これまで学習してきたことを関係図にまとめたことをもとに，学習問題に対する自分の考えを交流させる。いかす段階では，まちの安全を守るために地域の一員として自分たちにできることを選択・判断し，話し合わせる。

2 「見方・考え方」を働かせた深い学びの実現

① 既習で身につけた「見方・考え方」を生かす活動

本単元では，３年生「市の様子」や消防の学習を前小単元で学んでいる場合，身につけた見方・考え方を生かして学習に取り組ませることが大切である。具体的には，住宅地や公共施設，主な道路などの位置や広がりを，警察や地域の人たちの取組や活動場所と関連付けて説明させたり，消防と関係機関との連絡体制や地域の人たちの協力などとの共通点や相違点を話し合わせたりする。また，それらの学習で使った資料や掲示物などを活用することで，既習内容を想起したり比較したりさせやすくなる。学習問題づくりも「消防の学習と同じようにいろいろな人が協力しているのかな」と問いかけることで，時間をかけずに行うことができる。

② 関係図にまとめたことをもとにして自分の考えを表現する活動

学習問題について，県警察本部や市の警察署の取組，施設や設備，地域の人々の取組について学習してきたことを関係図にまとめさせる。ここでは，相互関係的な見方・考え方を働かせ，関係諸機関や地域の人々の協力関係について整理するとともに，自分との関係を考えさせることをねらいとしている。

③ 地域の一員として自分たちに協力できることを話し合う活動

前時に関係図にまとめたことや，これまでの見方・考え方を働かせて，「みんなが安全にくらすには，どのようなまちであったらいいのだろう」をテーマに話し合わせる。ここでは，警察の働きが「防止」に努めていることに着目し，「事故や事件に巻き込まれないよう，自分の身は自分で守る」「自分たちが交通安全を守ることが，警察や地域の活動に協力することにつながる」といった考えを引き出したい。

6 資料等

1 追究場面で活用した資料例

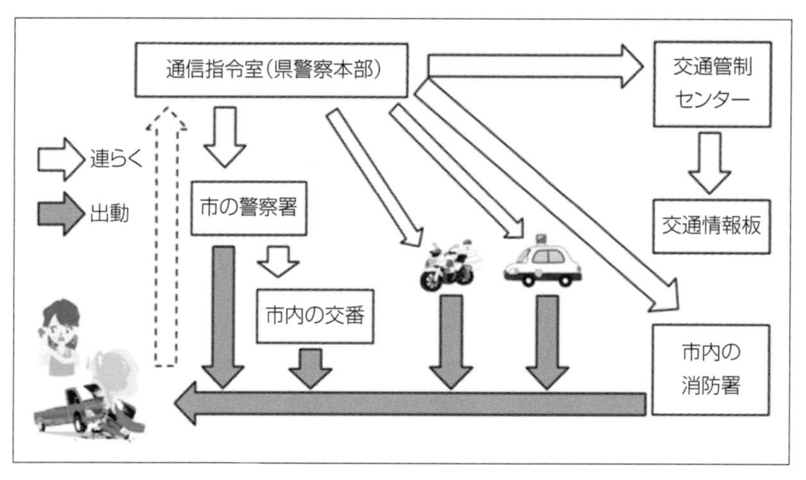

関係諸機関と110番通報の仕組み

警察官の勤務

	1日目	2日目	3日目	4日目	5日目	6日目
Aさん	きんむ	非番	休み	きんむ	非番	きんむ
Bさん	休み	きんむ	非番	休み	きんむ	非番
Cさん	非番	休み	きんむ	非番	休み	きんむ

地域の防犯パトロール

こども110番の家

2 情報入手先

- 埼玉県警察ホームページ

7 本時の展開（9/9時）

1 目標

自分たちの生活を振り返り，まちの安全を守るために地域の一員としてできることを選択・判断し，表現できるようにする。

2 展開

主な学習活動（・予想される児童の反応）	□資料　○留意点
1　**単元の導入で読み取った，市内の１年間の交通事故や主な事件の発生件数から本時の課題をつかむ。** ・警察や地域の人々は，事故や事件の防止に努めている。 ・発生件数が0になっていない。	□統計「市内で１年間に起きた交通事故・事件の発生件数」 ○これまでの学習で，警察や地域の人々が事故や事件の防止に努めてきたことをおさえる。
みんなが安全にくらすには，どのようなまちであったらいいのだろう。	
2　**課題について話し合う。** ・信号や交通ルールを守るまち。 ・事件に巻き込まれないように気をつける。 ・地域のパトロールにもっと多くの人が参加する。 ・危険な場所をまちの人に知らせる。 3　**地域の一員として，自分たちにできることを考える。** ・地域のパトロールに参加する。 ・交通ルールを守る。 ・自転車の乗り方に気をつける。 ・危険な場所や人に近づかない。 ・事件に巻き込まれないようにする。 4　**考えを発表し合う。** ・地域の人が防犯パトロールに出ているので，ぼくも参加したい。 ・警察や地域の人が設置した信号だから，きちんと守りたい。	□これまでの学習で活用した資料 □前時にまとめた関係図 □地域の防犯パトロールに取り組む人の話 ○警察に頼りきりになるのではなく，まちに住む人々が自ら事故や事件を防ごうとする意識をもつことで，みんなが安全に暮らせるまちが実現することに気づかせる。 ○事故や事件の未然防止の観点から，自分にできることを考えさせる。 ○ただ単に，交通安全に気をつけることや事件に巻き込まれないようにすることを述べるのではなく，これまで学習してきた警察や地域の人々の取組をもとにして，「だから，わたしは……」と関連付けて書かせる。 ○話し合う際も，誰のどのような取組をもとに考えたのか，説明させるようにする。

8 子どもの学びの様子

1 第３～６時の学習活動と児童の学習感想から

第３～６時では，事故や事件を防止するために関係諸機関が様々な取組をしていることを調べた。そのどれもが「防ぐ」ために行われていることに気づくことができた。

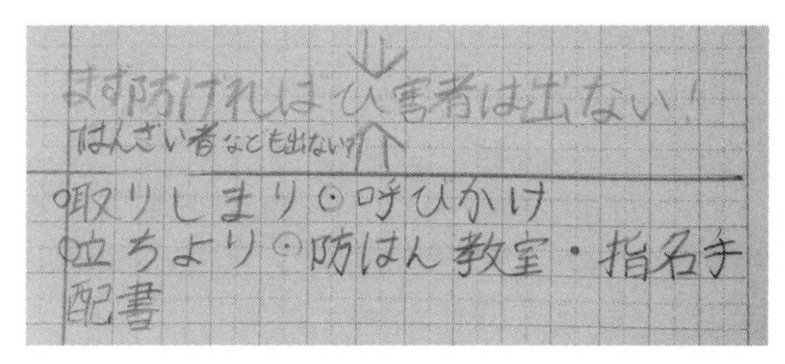

児童が警察の取組を調べて書いた気づき

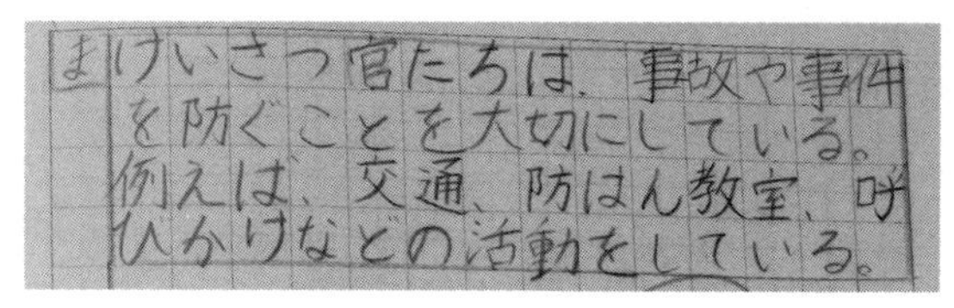

児童が書いた本時のまとめ

2 第８時の学習活動と児童の学習感想から

第８時では，これまでに学習したことをもとに関係図にまとめ，学習問題の結論を話し合って導き出した。消防の学習で同様の活動を行ったことから，どの児童もこれまでの学習を振り返って関係図にまとめることができ，関係諸機関を線で結びながら意味付けることもできた。

本時における児童の振り返り

けいさつの人たちは，見えないところでまちの安全を守っていた。

うらで安全を守ってくれていたから，これからも，ずっと守ってほしいな。

けいさつ官は，前は悪い人をつかまえるだけの仕事だと思っていたけど，実は市の人や地域の人と協力して，人々のくらしを守っていたことを知り，けいさつに対する見方が変わった。なので，わたしもこれから人々のくらしを守ることに，少しでも協力できたらいいな。

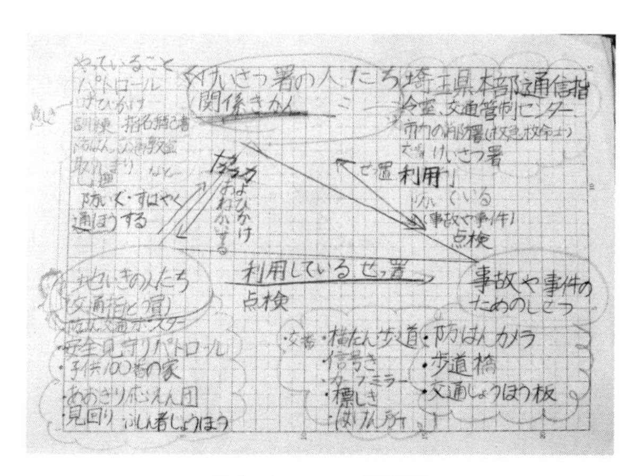

児童がまとめた関係図

9 実践のまとめ

1 子どもの姿から

３年生の「市の様子」や前小単元の消防で学んだ見方・考え方を働かせて，事故や事件を防ぐ取組について調べ，考えることで，学習に見通しをもち，関連付けたり比較したりしながらとらえることができた。

けいさつの仕事は，消ぼうの仕事と，にていると思いました。たとえば，事こが起きたときに，すばやくかけつけるところや，地いきの人たちが協力しているところです。でも，まちにある消ぼうのためのしせつは，火事が起きたときのためにあるのに，まちのひょうしきや信号は，事こをふせぐためにあるところが，少しちがうと思いました。

けいさつの仕事は，どろぼうをつかまえるだけでなく，防ぐために，地域の人たちと協力している仕事だとあらためてわかりました。なぜ防ぐのが大切かというと，すぐにかけつけるのでは，ひ害が出てしまっているからです。だから，ぼくも事こにあわないように，自分の身は自分で守りたいです。

また，９時の「いかす」場面では，これまでの学習で理解した知識を活用して，地域の一員として自分にできることを考える姿が見られた。

消ぼうのときと同じで，地いきの人たちが協力していました。わたしはそのことを知らなかったので，これからは，朝，道に立ってくれている交通しどういんさんに，ありがとうの気持ちをこめて，あいさつをしたいです。

2 考察

本実践を通して，これまでに学んだ見方・考え方を働かせて学習することで，児童の思考が深まることが分かった。そのためには，児童がこれまでにどのような学習を経てきたのかをつかむことと，教師が学習内容の区分との関連を理解したうえで資料を作成したり，学習方法や発問などを工夫したりするなど，意図をもって単元計画を立てることが重要であることも分かった。また，単元の終末に自分にできることを考え，話し合わせる活動では，本単元の学習を通して身についた知識を活用することや，社会科学習における「自分」とは「地域の一員としての自分」であることをおさえることで，社会参画の意識を育てることができることも確かめられた。本単元で学んだ内容は，４年生の「自然災害から人々を守る活動」に生かすことで，さらに学びの深まりが期待できる。

（井出　祐史）

5 火災から地域の安全を守るための働きを相互の関連に着目してとらえる事例

1 単元の目標

火災から地域の安全を守る活動について，身近な火災に対する備えや消防署等の関係機関の連携・協力に着目し，学校や地域の消防設備を調べたり，消防署や消防団で働く人に話を聞いたりしてまとめ，火災から地域の安全を守る活動について考え，消防署等の関係機関は連携しながら緊急時に対処できる体制をとっていることや，消防団等の地域の人々と協力しながら火災の防止に努めていることを理解できるようにするとともに，学習問題を主体的に追究・解決していく中で，自らも地域の一員として何ができるかを考え，実践しようとする態度を養う。

2 評価規準

知識・技能	思考・判断・表現	主体的に学習に取り組む態度
①施設・設備などの配置，緊急時の備えや対応などについて，見学・調査したり地図などの資料で調べたりして，関係機関や地域の人々の諸活動を理解している。 ②調べたことを図や文にまとめ，消防署等の関係機関は，地域の安全を守るために相互に連携して緊急に対処する体制をとっていることや地域の人々と協力して火災の防止に努めていることを理解している。	①施設・設備などの配置，緊急時の備えや対応などに着目して問いを見いだし，関係機関や地域の人々の諸活動について考え，表現している。 ②調べたことをもとに，関係機関や地域の人々の働き，相互の連携の意味を考え，適切に表現している。	①火災から地域の安全を守る活動について，予想や学習計画を立てて主体的に学習問題を追究・解決しようとしている。 ②学習したことをもとに，火災から地域の安全を守るために，地域の一員として何ができるかを考え実践しようとしている。

単元の内容について

単元の導入として，自分たちが暮らしている地域での火災の発生件数等を取り上げ，火災や防災への取組に関心をもつことができるようにする。そして学校や地域の消防設備を調べたり，消防署や消防団で働く人の話を聞いたりしながら，様々な機関が地域とも連携して防災に取り組んでいることを理解できるようにする。また，防災を自分ごととしてとらえ，防災に対して自分たちは何ができるのかを選択・判断することを通して，主体的に関わっていく態度を養うことができるようにする。

単元展開例

	○主な問い，学習活動・内容 ☆見方・考え方	□資料　◆指導の手立て 【　】評価の観点
つかむ	問い **市内ではどのような原因で，どれくらい火災が起きているのだろう。**（1時間） ○資料から，市内で発生した火災の件数や主な原因，火災の種類等をつかむ。	□資料「市内で起きた火災の件数」 □資料「市内で起きた火災の主な原因」 □資料「市内で起きた火災の種類」 ◆自分たちの住んでいる身近なところで，火災が様々な原因によって発生していること等をおさえる。
	学習問題 **火災から人々のくらしを守るために，だれがどのような取組をしているのだろう。**	
	○学習問題をもとに予想を立てて，今後の学習計画を立てる。 ・学校には，消火器などがあるよ。 ・消防署で働く人に聞いてみたら分かるかもしれないね。	◆市内で起こる火災の件数等について知ることで，火災防止の取組に意識が向くようにする。 【思①】【態①】
調べる	問い **火災に対する学校の備えはどうなっているのだろう。**（2時間） ○学校の消防設備を予想する。 ○学校の消防設備を調べる。 ○調べて分かったことを伝え合う。	□ワークシート「校舎内の白地図」 ◆学校には，消火器や煙感知器等，様々な種類の消防設備が備え付けられていることに気づくようにする。 【知①】
	問い **消防署は，火災に対してどのような働きをしているのだろう。**（4時間） ☆消防署と関係機関の取組を相互の関係でとらえる。 ○消防署の働きを予想する。 ○消防署に見学に行き，消防署の施設を見たり，そこで働く人の願いや思い，火災に対する取組を聞いたりする。 ○見学して気づいたことをまとめる。	□消防署で働く人の話 ◆消防署は，関係機関と連携し緊急に対処できるような体制をとることで火災から人々の命を守っていることに気づくようにする。 【知①】【思①】

	 **学校の周りには火災に対するどのような備えがあるのだろう。**（3時間） ☆学校内で見られた備えと比べたり結び付けたりして整理する。 ○学校の周りを見学・調査し，消火栓や防火水槽，消防団倉庫等のある場所や数を白地図にまとめる。 ○白地図にまとめて，気づいたことや分かったことを伝え合う。	□写真「消防団倉庫」 □ワークシート「学校周辺の白地図」 ◆学校周辺を歩き消防設備について調べることで，校舎内と同じように火災から安全を守るための工夫があることに気づくようにする。 【知①】
	 **消防団では，だれが，どのような取組をしているのだろう。**（1時間） ☆消防団の取組を，消防署の働きや地域の火災に対する備えと関連付けて考える。 ○消防団に所属している人から，消防団の取組やそこで働く人の思いや願いを聞く。 ○聞いたことをまとめ，考えたことを伝え合う。	□消防団に所属している人の話 ◆消防団の取組等を聞き，地域の人々が協力して火災の防止に努めていることに気づくようにする。 【思①】
まとめる	 **火災から地域の安全を守るための消防署や消防団等の取組やつながりをまとめよう。**（1時間） ☆消防署等の関係機関や消防団の取組の相互関係に着目する。 ○これまでの学習を振り返り，消防署等の関係機関や消防団の取組を図でまとめ，友達と考えを伝え合う。	◆学んだことを図に表し，自分なりの考えをつくり出すことができるようにする。 【知②】【思②】
いかす	 **火災予防について，自分たちにできることを考えよう。**（1時間） ○火災を防止するために，自分たちにできることを考え，話し合う。 ○火災を防止するためのキャッチフレーズを考え，伝え合う。	◆前時の学習を振り返り，火災に対する関係諸機関のつながりの中に自分もいることが大切であることを考えることができるようにする。 ◆地域の一員として自分にできることを考え，選択・判断するようにする。 【思②】【態②】

5 指導上の工夫

1 主体的・対話的な学びの工夫

① 学習問題に迫るために，子どもの思考のつながりを大切にする

子どもが主体的な学びを行うには，学習問題に対して子どもが必要感や切実感をもち，社会的事象を自分ごととしてとらえ考えながら学習を進めることが大切である。そのためには，毎時間の振り返りの際には「これまでの学習で学んだことと，消防署や消防団で働く人から話を聞いて関連していると思ったこと」「火災に対する備えについて調べて疑問に思ったこと」等といった視点を明確にすることで，子どもに学びの自覚を促すとともに新たな疑問や課題をとらえることができる。そして，子どもの思考を次時以降につなげることができ，子どもがより主体的に学びに向かうことができる。

② 対話を通して，考えを広げ深める活動

学校や地域の消防設備を調べたり消防署を見学したりして初めて知ったことや疑問に思ったことについて，子どもが「自分が見つけた消防署の工夫を友達に教えたい」「学校の周りに消防団倉庫があったけど，何をするところか友達に聞いてみたい」という思いや願いをもったタイミングをとらえ対話につなげる。対話を通して，消防署が通信司令室を中心に関係機関とネットワークをつなげていることや，消防団は地域の人々によって組織され，協力しながら火災に備えていることを理解することができ，自らの考えを広げ深めることができる。

2 「見方・考え方」を働かせた深い学びの実現

○消防署等の関係機関や消防団の取組のつながりを関係図にまとめる

学習問題をもとに，消防署や地域の人々の協力による消防団の火災に対する取組をとらえた後，火災に対して連携・協力して一体的に取り組んでいることを相互の関係やつながりを考えながら関係図に表す。そうすることで，火災が起こると消防車が来て消火して終わりという一面的な見方をしていた子どもが，学習を通して様々な関係機関が地域とともに相互に連携・協力しながら防災に努めたり，火災が起こると緊急に対処できるようにしたりしていることを総合的に理解できると考える。

資料等

○追究場面で活用した資料例

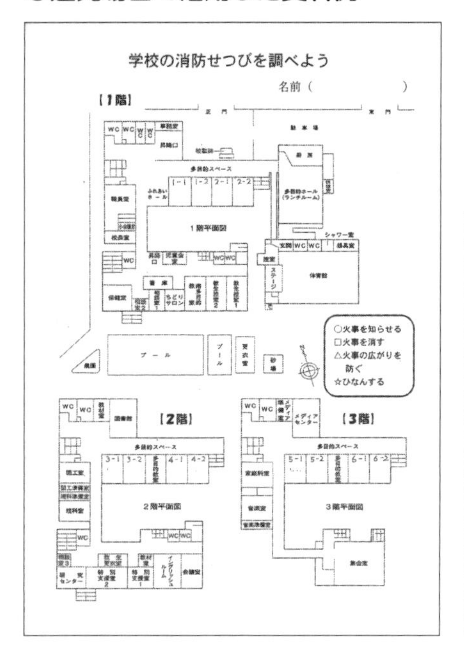

学校の消防設備を調べるためのワークシート

子どもが表した関係図

市内にある消防団に所属しているAさんのお話

市内には，いくつかの消防団があります。

私はその中のひとつの消防団に所属しています。

消防団とは，地域の人たちが協力して，火事などの災害から地域の人たちの命とくらしを守る活動をするグループのようなものです。

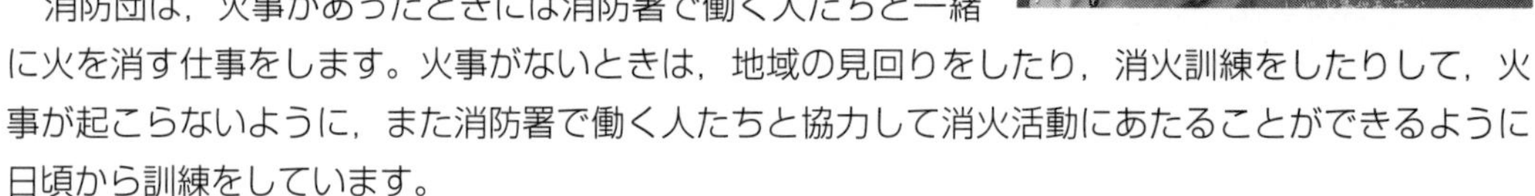

消防団は，火事があったときには消防署で働く人たちと一緒に火を消す仕事をします。火事がないときは，地域の見回りをしたり，消火訓練をしたりして，火事が起こらないように，また消防署で働く人たちと協力して消火活動にあたることができるように日頃から訓練をしています。

私が所属している消防団は，会社員やお店で働いている人，教員など，みんな普段は仕事をしている人ですが，ひとたび自分たちが住んでいる地域で火事が起こったら，消防署で働く人たちと協力して消火活動にあたったり，消火後再び火が出ないように見守りをしたりしています。

消防団員は自分の仕事もしっかりしながら，消防団員として「自分の住んでいる地域は自分たちで守らなければいけない」「火事から，人の命を守らなければならない」という強い気持ちを誰もがもって，いざというときに備えています。

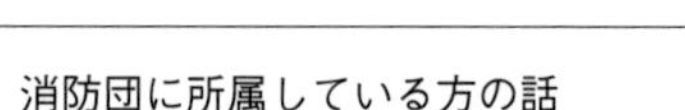

消防団に所属している方の話

7 本時の展開（11/13時）

1 目標

消防団に所属している人の話を聞くことを通して，これまで学習した消防署で働く人の思いや火災に対する取組と関連付けながら，消防団は地域の人々によって組織されていることや火災に対して消防署等と連携しながら活動していることについて考えることができるようにする。

2 展開

主な学習活動（・予想される児童の反応）	□資料　○留意点
1　前時の学習を振り返る。 ・消防団って，どんなことをしているのだろう。 **2　本時のめあてを確認する。**	□写真「消防団倉庫」 ○前時の学習で学校の周辺にある消防団倉庫を見つけた子どもの振り返りを紹介し，消防団についての疑問が多く出たことを想起できるようにする。
消防団では，だれが，どのような取組をしているのだろう。	
3　消防団について，知っていることや疑問に思ったことを話し合う。 ・火災が起こったら火を消す仕事をしてるって聞いたことがあるよ。 ・消防団って，どんな人がいるのかな。	○消防団に対する疑問を出すことで，消防団について知りたいという思いを強くするようにする。
4　消防団に所属している人の話を聞く。 **5　話を聞いてこれまでに学習した消防署の取組とのつながりについて考える。** ・消防署と消防団は，お互いに協力しながら火災を防いでいるんだね。 ・消防署に頼るだけでなく，地域の人たちで協力して火災を防いでいるんだ。	□消防団に所属している人の話 ○消防署見学において消防署で働いている人に聞いた話と関連付けながら考えることができるようにする。 ○消防団と消防署は，お互いに連携し合いながら火災から人々の生活を守っていることに気づくことができるようにする。
6　本時の学習を振り返る。 ・地域の人は自分たちの地域を守りたいという思いで消防団を組織して，消防署と協力して火災を防いでいるんだ。	○火災から地域の安全を守る取組に対する見方や考え方が変化したことを自覚できるようにするとともに，次時への追究意欲を高める。

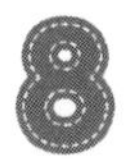

子どもの学びの様子

1 第11時の学習活動と児童の学習感想から

前時で，学校周辺の地域の消防設備を調べる中で見つけた消防団倉庫を取り上げ，消防団とはどのような組織で，何をしているのかを考えた。子どもは「火災があったら消火する仕事をしている」「でも，消防署ではないし……」「火災があったときだけ働く人たちかも」等と予想していた。そこで消防団に所属している人をゲストティーチャーとして招き，子どもの疑問に答えてもらった。子どもたちは，これまで学習した消防署の働きと関連付けながら，消防団は地域の人たちで組織され「自分たちは，地域の人の命やくらしを守るために働く」という気持ちをもって活動していること，日頃から消防設備を点検したり，消防署と協力しながら消火活動にあたったりしていることを理解することができた。

ぼくはこれまで，火災といえば消防署だと考えていました。だけど，火災から自分たちのくらしを守るためにぼくが今まで知らなかった消防団というものがあったりして，いろいろなところが協力し合っていることがわかりました。

消防団の人は，火災があったときに消防署の人だけに頼るんじゃなくて，自分たちでできることを考えて地域の人たちと協力したり助け合ったりしながら自分たちの地域を守ろうとしていることを知れて，地域の人たち（消防団）はすごいなと思いました。

2 第13時の学習活動と児童の学習感想から

これまで学習したことを振り返ることで，「自分たちも何かしたい」「自分たちにもできることがあるのではないか」という思いを強くもち，防災を自分ごととしてとらえ，より切実感をもって自分たちにできることを考えた。子どもからは「家庭での火の取り扱い方を振り返って見直す」「家の人に火災の恐ろしさを伝える」「学校のみんなに標語などで火災予防を伝える」等，自分たちにできそうなことがたくさん出てきた。そこで火災予防を呼びかけるキャッチフレーズを考えた。

子どもが考えた
キャッチフレーズ

防災で大事なことは，「自分の命は自分で守る」ことだと思いました。まず自分にできることは何かを考えないと，人に頼ってばっかりじゃいけないと思うからです。消防署だけでなく，地域の人も消防団に入ってがんばっているから，ぼくも何かできないかと考えました。何かできることがないか，家に帰ってから，おうちの人と考えてみたいです。

実践のまとめ

1 子どもの姿から

わたしは，火災が起こると消防車が来て火を消すだけかと思っていました。だけど実は火災が起こったら，通信指令室から警察署や病院などいろんなところにすぐに火災の情報が行き，協力して火災から人の命を守っていることがわかりました。それから消防署だけでなく，地域の人が消防団として，消防署の人と一緒になって消火をしたり見回りをしたりしていて，すごいと思いました。頼るだけでなく，自分たちにできることをしていると思います。

この振り返りから，この学習を通してこれまでもっていた「火事は消防署で働く人が消してくれる」という考えが変わったことが分かる。見方・考え方を働かせて，関係機関や消防団等のつながりを関係図にまとめることで，それぞれが役割分担しながら連携していることに気づき，これまでよりも広い視野で社会的事象をとらえることができた。

ぼくは，この勉強をして，自分にもできることはないかなと考えました。なぜかというと，消防署や警察署などが協力していたり，地域の人が消防団として協力していたりしたからです。消防団の人が言っていた「自分たちのくらしは自分たちで守る」というのが，印象に残りました。消防署だけに頼るんじゃなくて，自分たちにできることをしなくちゃと思いました。だから，これからは火災のことだけじゃなくて，地震のときにも，何ができるか考えたいです。

子どもは，自分の命は自分で守ることの大切さに気づくことができた。そのために自分は何ができるのか考えようとする意欲や態度が生まれてきた。これは，火災を自分ごととしてとらえ，社会に参画していこうとする態度の表れである。火災のみならず，他の災害に対してもこれまでの学習で学んだことを生かす姿が見てとれる。

2 考察

この実践を通して子どもは，火災から地域の安全を守る取組について社会的事象をより広い視野から見ることができるようになった。

導入で市内の火災発生状況についてグラフから読み取ることで，火災を身近なものに感じ，次時以降の火災から安全を守る消防署等の関係機関や消防団の取組やそこで働く人々の工夫等について追究していく意欲が生まれた。その中で，学校や地域にある消防設備，消防署や消防団の活動を一体的にとらえられるよう，前時までの学習で学んだことを想起しながら相互の関係をとらえられるようにした。そうすることで，子どもたちは，社会的事象をより広い視野で相互のつながりを考えながら学習に取り組み，そこに自分の存在を重ね合わせ，自分ごととしてとらえ自分にできることを考えることができた。

（大坂　慎也）

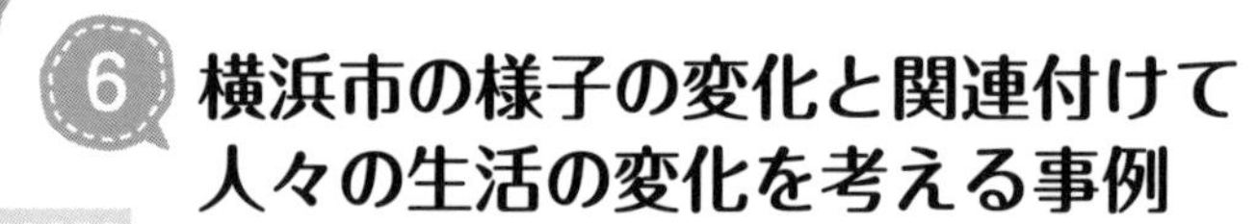

6 横浜市の様子の変化と関連付けて人々の生活の変化を考える事例

1 単元の目標

横浜市の移り変わりについて，交通や公共施設，土地利用や人口，生活の道具などの時期による違いに着目して，聞き取り調査をしたり地図などの資料を活用したりして調べて年表などにまとめ，時期ごとに比較・関連付けて考え，説明することを通して，市や人々の生活の様子は時間の経過に伴い移り変わってきたことを理解できるようにするとともに，学習問題を主体的に追究・解決し，市の発展を願い市民の一人として努力や協力しようとする態度を養う。

2 評価規準

知識・技能	思考・判断・表現	主体的に学習に取り組む態度
①交通や公共施設，土地利用や人口，生活の道具などの時期による違いについて，聞き取り調査をしたり地図などの資料で調べたりして，市や人々の生活の様子を理解している。 ②調べたことを年表や文などにまとめ，市や人々の生活の様子は，時間の経過に伴い，移り変わってきたことを理解している。	①交通や公共施設，土地利用や人口，生活の道具などの時期による違いに着目して問いを見いだし，市や人々の生活の様子を考え，表現している。 ②調べたことをもとに，市の様子や人々の生活の様子の変化を考え，適切に表現している。	①市の様子の移り変わりについて，主体的に学習問題を追究・解決しようとしている。 ②学習したことをもとに，これからの市の発展について，横浜市民の一人として考えようとしている。

 単元の内容について

この単元では，子どもたちなりに，市が将来どうなってほしいか，そのためには市民としてどのように行動していけばよいかなど，市の将来について考えることができるようにしたい。「年表などにまとめる」際には，時期の区分について，昭和，平成などの元号を用いた言い表し方があることを取り上げる。「公共施設」については，市が公共施設の整備を進めてきたことを取り上げる。その際，租税の役割に触れる。「人口」を取り上げる際には，少子高齢化，国際化などに触れ，これからの市の発展について考えることができるよう配慮する。

 単元展開例

	○主な問い，学習活動・内容 ☆見方・考え方	□資料　◆指導の手立て 【　】評価の観点
つかむ	問い　**昔の横浜市はどのような様子だったのだろう。**（2時間） ☆市の様子の変化を，時期や範囲に着目してとらえる。 ○昔と現在の横浜市や人々の様子の変化をとらえる。 ○昔と現在の様子の変化から，気づきや疑問を出し合う。	□第１単元で作成した地図 □鳥瞰図「開港時と現在の横浜市」 □写真「初代横浜駅」「現在の桜木町駅」
	学習問題　**横浜市の様子や人々のくらしはどのように変わってきたのだろう。**	
	☆それぞれの時期をとらえ，比較する。 ○学習問題に対する予想をもとに，学習計画を立てる。 ・今は線路や建物が増えているね。どのように今の横浜に変わっていったのだろう。 ・歩いている人の服や交通手段が昔と今で違う。どのようなくらしをしていたのかな。	□年表枠 ◆第１単元で学習したことを生かし，人口，交通，土地利用の様子や公共施設，人々の生活に目を向けて計画を立て，見通しをもつようにする。 ◆時期の区分について，昭和，平成などの元号を用いた言い表し方があることを取り上げる。 【思①】【態①】
調べる	問い　**横浜市の様子はどのように変わってきたのだろう。**（5時間） ☆時間的な経過や空間的な広がりに着目する。 ☆調べた事柄を関連付ける。 ○明治，（大正），昭和，平成の横浜市の地図，鳥瞰図を見比べ，横浜市の様子の移り変わりを調べる。 ○市域の広がり，人口の変化について調べる。 ○道路や鉄道の整備，公共施設，土地利用の様子が変化してきたことを調べる。 ○調べたことを，年表にまとめる。 ○年表から，横浜市はどのように変わってきたのかを考える。	□地図「市域の広がり」 □横浜市の人口の変化 □鳥瞰図「明治～現在」 □地図「路線図」 □写真「路面電車（学校前の道路）」 ◆公共施設については，市が公共施設の整備を進めてきたことを取り上げ，租税の役割に触れる。 ◆人口では，少子高齢化，国際化などに触れる。 【知①】【思①】

	・広さ，人口，交通，土地の使われ方，全部が関係している。 ・横浜市は，時間が経つにつれ，どんどん発展してきた。 問い **人々のくらしは，どのように変わってきたのだろう。** （6時間） ☆横浜市の変化や人々の生活の変化に関わる事実を時期ごとに比較したり関連付けたりする。 ○明治頃に日本で初めて横浜で導入されたものについて調べ，人々のくらしの変化を調べる。 ・パンや牛鍋など，食生活が変わってきた。鉄道ができて，交通手段が変わってきた。 ○昔の道具の調査・体験や，地域の方々に聞き取り調査をして，昭和の頃のくらしについて調べる。 ・道具が変化し，人々のくらしが便利になっていった。	 □明治期に横浜で初めて導入されたもの □昔の道具 □まちの人の当時のくらしの話 ◆道具の変化でくらしが変化してきたことや，昔の人々の知恵や思いが今のくらしにつながっていることをおさえる。 ◆横浜で初めて導入されたものから人々のくらしを考えることで，横浜に愛着をもてるようにする。 【知①】【思①】
まとめる	 **横浜市の様子や人々のくらしはどのように変わってきたのだろう。** （1時間） ☆横浜市の様子の変化と人々のくらしの変化とを関連付ける。 ☆時間の経過に伴い移り変わってきたことに着目して変化をとらえる。 ○これまでの学習から，横浜市の様子や人々のくらしの移り変わりを考える。 ・横浜市は開港後，道路や公共施設が整備され都市化が進み，市民の生活も大きく変わってきた。	□これまで作った年表 ◆これまでの学習を年表に整理し，全体を振り返りながら考えるようにする。 【知②】【思②】
いかす	 **わたしたちの住む横浜市はこれからどのように発展していくのだろう。** （1時間） ☆視点をもち，横浜市の発展を考える。 ○市役所または区役所を見学して，その働きや市のこれからの取組を調べ，市の発展について話し合う。	□これまで作った年表 □横浜市の施策 □市役所の方の話 ◆横浜市民の一人である自覚をもち，横浜市のことを考えることができるようにする。 【態②】

5 指導上の工夫

1 主体的・対話的な学びの工夫

① 子どもたちが問いをもち，見通しをもてるような導入

単元のはじめに，現在と昔の横浜市の大きな変化を見ることで，「どうして？」「どうやって？」「〜なのではないかな？」と，子どもたちの疑問や気づきが生まれる。「横浜市のことをもっと知りたい」「昔の人々はどのようなくらしをしていたのか調べたい」という思いをもつ。「どのように横浜市の様子や人々の生活が変わったのだろう」という学習問題に対して，仮説をもち，それを確かめるには何をどのように調べ，どのような事実が必要なのか，子どもたち自身が考えることができるようにする。

② 昔のくらしをより実感的に考えられる活動

子どもたちが実感的に横浜市の人々の生活について考えることができるように，地域の方への聞き取り調査や，昔の道具の体験などを取り入れる。実際に話を聞いたり体験したりすることで，当時の生活をより身近なものとして考えることができる。また，子どもたちが共通体験をしたことで，より具体的な事実から対話ができる。

2 「見方・考え方」を働かせた深い学びの実現

○年表の活用

枠だけの年表に，調べて分かったことを書き入れていく。交通や公共施設，土地利用や人口，生活の道具などの時期による違いに着目して年表にまとめることで，それぞれを関連付けて考えることができる。年表をもとに横浜市の様子や人々の生活の移り変わりをとらえていく。

また，年表をもとに，さらに先の未来の横浜市の発展にも関心をもち，市がどのようになってほしいか，そのためには市民としてどのように行動していけばよいかなど，市の将来について考えることができるようにする。

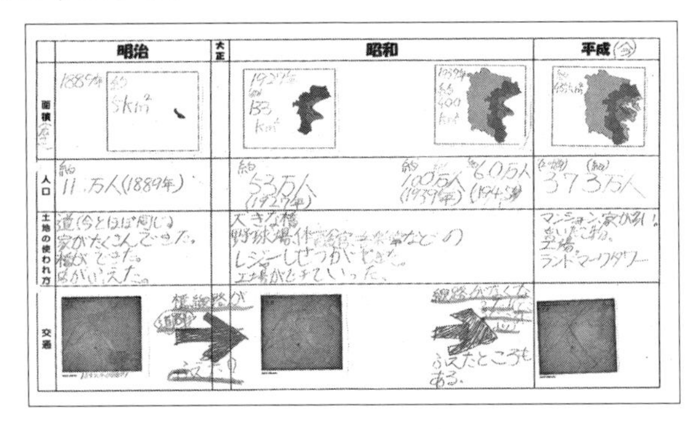

子どもの作った年表例

6 資料等

1 追究場面で活用した資料例

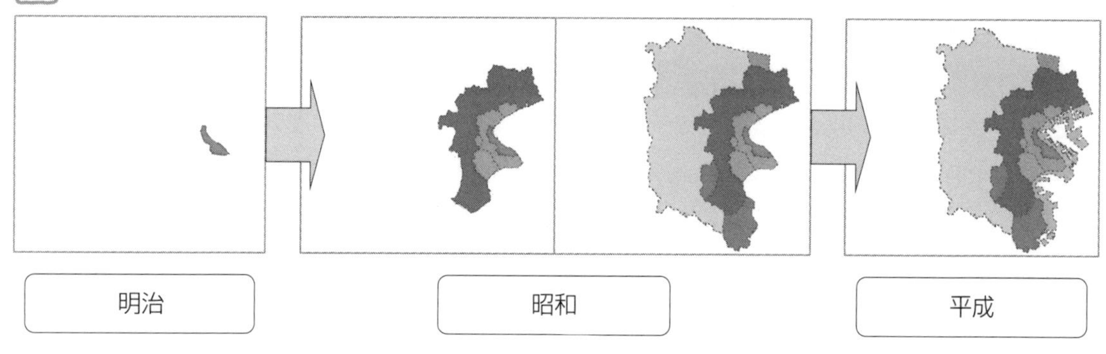

横浜市の市域の広がり

昭和の頃の道路の様子が分かる写真

昔の道具例（炭火アイロン）

囲炉裏

2 情報入手先

• 戸部小学校展示館資料

7 本時の展開（15/15時）

1 目標

これまで学習した横浜市の様子や人々の生活の移り変わりをもとにこれからの横浜市について話し合うことを通して，未来の横浜市の発展に関心をもち，市がどのようになってほしいか，そのためには市民としてどのように行動していけばよいかなど，市の将来について考えることができるようにする。

2 展開

主な学習活動（・予想される児童の反応）	□資料　○留意点
1　**これまでの学習をもとに，これからの横浜市について話し合う。** ・横浜市の様子も人々の生活も変わってきた。これからも発展していくと思う。	□これまで作った年表
わたしたちの住む横浜市はこれからどのように発展していくのだろう。	
・たくさんの人が協力して，道路や線路などが整備され，人々の交通手段が多様になった。これからさらに道路や線路が変わり，移動がさらに便利になっていく。	○これまでの学習で分かったことや考えたことをもとに，それぞれが交通や公共施設，土地利用や人口，生活の道具などの時期による違いに着目して考えることができるようにする。
2　**横浜市の施策をもとに，これからの横浜市の発展を考える。** ・これまで人口が増えてきたから，これからも増えると考えていたけど，人口の減少や少子高齢化が進むんだね。だから，横浜市はどの世代もいつまでも安心して暮らせる安全安心都市を目指している。	□横浜市の施策 □市役所の方の話 ○市役所の方が考えている未来の横浜市について知り，横浜市の未来にさらに関心をもつことができるようにする。
3　**自分の考えをまとめ，振り返りをする。** ・これまでの横浜の人々が今の横浜をつくってきてくれた。自分たちも，未来の横浜をつくっていきたい。 ・これからも，大好きな横浜のまちや人々を大切にしていきたいな。	○市民としてどのように行動していけばよいかなど，市の将来について考えることができるようにする。

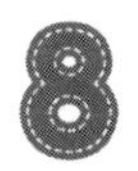

子どもの学びの様子

1 第７時の学習活動と児童の学習感想から

第７時には，交通や公共施設，土地利用や人口などの時期による違いに着目して調べ，まとめた年表をもとに，横浜市の様子の移り変わりについて考えた。これまで学習したことをもとに，子どもたちは何らかの視点を中心にして考えていた。

特に人口に着目している子

昔は人口が少なかったけど，土地が広がったり，大きな橋やマンション，工場ができたりして横浜市が大きくなるにつれて，人口が増えていったのだと思います。

特に交通に着目している子

面積が増え，人口が増え，建物が増えたから，車や電車など様々な交通手段が必要になり，道路や線路が変わっていったのだと思います。

特に公共施設に着目している子

面積や人口がだんだん増え，土地の使われ方が変わっていきました。明治で生活に必要なものがつくられ，昭和・平成でみんなが楽しめる施設がつくられていったのだと思います。

2 第13時の学習活動と児童の学習感想から

横浜市の様子の移り変わりに伴って，人々の生活も変わってきたということを，外国の技術やもの，人々の知恵や工夫などから考えていた。

アイスクリームやパン，牛鍋など，様々な新しい食べ物が横浜に入ってきたから，食生活が変わっていったのだと思います。井戸水が水道水になったり，床屋や石けん，鉄道ができたりして，外国から新しい技術やものが横浜に入ってきて，くらしやすくなっていったのだと思います。

電化製品が増えて自動になり，料理を作ったり洗濯をしたりすることに時間がかからなくなりました。人々が昔の道具のよさを生かし，さらに便利な道具に進化させてきたからだと思います。

昔の人が，さらによくしたいという思いをもって変えていったと思います。今の生活ができるのは，昔の人のおかげです。感謝したいです。

実践のまとめ

1 子どもの姿から

横浜市の様子や人々の生活について考えたことをもとに，これからの横浜市の発展を願う姿が見られた。さらに便利になってほしいという思いや，すべて変えるのではなく，昔のよさを生かしながら発展していってほしいという思いをもっていた。

> 新しいお店やマンションができたり，便利な道具ができたりして，さらに豊かなくらしになると思います。

> 新しい道路ができたり，車が全自動になったりするのかなと思いました。さらに安心してくらすことができるようになると思います。

> 横浜ならではのよさや，昔から残るもののよさを大切にしながら，これからも発展していくと思います。

また，横浜市への思いをもち，自分も市民として横浜市の未来を考えていきたいという思いをもっていた。

> 今の横浜市を大切にしようと思いました。また，未来の横浜市をつくっていこうと思いました。ぼくたちも横浜市民だから，考えていけば，少しは役に立って，これからさらにくらしやすくなるのではないかと思います。

2 考察

この実践で，空間としても広く，期間としても長い横浜市の様子や人々の生活の変化をどのように子どもたちと分かりやすく学んでいけるかを考えた。子どもたちがもった「問い」から，子どもたちと単元計画を立てて見通しをもって学習すること，地図や年表を活用して，位置や空間的な広がり，時期や時間の経過，事象や人々の相互関係などの視点から考えを整理していくことが手立ての一つとして有効であることが分かった。子どもたちが「調べたい」「考えたい」という思いをもって横浜市のこれまでの移り変わりを学んだことで，単元の終末のこれからの横浜市の発展を願う気持ちへと変わっていった。横浜を発展させてきた昔の人々への思いや，未来の発展を願う市役所の方の思いを知り，横浜に誇りや愛情をもち，これからも横浜を大切にしたい，発展させていきたいという思いをもつことができた。

（武藤由希子）

土地利用の様子を導入として扱った事例

1 単元の目標

区の様子の移り変わりについて，人口・土地利用・交通・公共施設の変化などに着目して調べて，時代ごとの特徴を年表にまとめて考え表現することを通して，まちの様子や人々の生活の様子は時間の経過に伴い移り変わってきたことを理解できるようにするとともに，主体的に問題解決しようとする態度や，自分も地域に住む一員としてこれからの区の発展に関わろうとする態度を養う。

2 評価規準

知識・技能	思考・判断・表現	主体的に学習に取り組む態度
①人口，土地利用，交通や公共施設，生活の道具などの時期による違いについて，写真，地図，グラフなどの資料を活用して調べ，区や人々の生活の様子を理解している。 ②調べたことを年表や文などにまとめ，区や人々の生活の様子は時間の経過とともに移り変わってきたことを理解している。	①人口，土地利用，交通や公共施設，生活の道具などの時期による違いに着目して問いを見いだし，区や人々の生活の様子を考え，表現している。 ②調べたことを時期ごとにまとめたり相互に比較したりして，区や人々の生活の様子の変化を考え，適切に表現している。	①区の様子の移り変わりについて，予想や学習計画を立てて主体的に学習問題を追究・解決しようとしている。 ②学んだことを生かし，これからのまちの発展について地域の一員として考えようとしている。

単元の内容について

この単元では，自分たちの住む市区町村の昔から現在に至るまでの様子の変化を，人々の生活の移り変わりとも関連させながらとらえさせていく。調べたことを年表にまとめていく際には昭和や平成などの元号を用いた言い表し方があることも取り上げる。調べる際の視点としては交通，公共施設，土地利用や人口，生活の道具などがあるが，公共施設については市区町村（行政）が整備を進めてきたことや，そのために租税が使われていることに触れる。また，人口を取り上げる際には少子高齢化や国際化などに触れ，これからの市区町村の発展について児童が地域の一員として考えられるように配慮する。

単元展開例

	○主な問い，学習活動・内容 ☆見方・考え方	□資料　◆指導の手立て 【　】評価の観点
つかむ	問い **100年前の荻窪はどのような様子だったのだろう。**（2時間） ☆それぞれの資料の時期に着目し，違いをとらえる。 ○大正時代の絵地図や人々の写真を見て，気づいたことを話し合う。	□絵地図「大正時代の荻窪の様子」 □写真「昭和30年頃の荻窪の様子」 □杉並区の年表 ◆自分たちが現在生活しているまちの様子とは異なることに気づき，疑問を出し合うようにする。
	学習問題 **杉並区の様子と人々のくらしはどのように移り変わってきたのだろう。**	
	☆１学期に学習した「杉並区の様子」と関連付ける。 ○学習問題に対する予想をもとに，学習計画を立てる。 ・農業をしている人が昔は多かったのでは？ ・人口が増えて，学校などの公共施設が増えた？	◆区役所が区の変化に関わっているのではないかということにもヒントを出しながら気づかせるようにする。 【思①】【態①】
調べる	問い **畑や水田の広さはどのように変化してきたのだろう。**（3時間） ☆農地面積の時期による違いに着目し，農地が急激に減っている時期があることをとらえる。 ○杉並区の農地面積がどのように変化してきたのかを調べる。 ○郷土博物館に行き，昔の人々の生活や農業の様子を調べる。	□写真「大正～昭和前期頃の農作業の様子」 □グラフ「杉並区の農地面積の推移」 □実物「農家で使われていた道具」 ◆資料をもとに，大正時代の農家の人々の生活の様子を想像させるようにする。 【知①】
	問い **人口が増えてまちはどのように変化したのだろう。**（4時間） ☆まちの変化と人々の生活の変化を関連付ける。 ○杉並区の人口の推移や，人口が増えた理由について調べる。 ○大正時代末期と昭和40年代の教会通り商店街の	□グラフ「杉並区の人口の推移」 ◆農地面積の推移と人口の推移のグラフを関連付けて読み取るようにする。 □写真「教会通り商店街の様子」

	様子を比較する。 ○杉並区の交通の様子の変化を調べる。 問い **区内の公共施設はどのように変化してきたのだろう。**（3時間） ☆区内の公共施設の分布の変化に着目する。 ○区内の小学校や図書館の数や分布の変化を調べる。 ○区役所がこれまでにどのようにまちの発展に関わってきたのか調べる。 ○まちの発展と租税の関係について調べる。	□写真「昭和40年頃の阿佐ヶ谷駅のホームの様子」 【知①】 □図表「杉並区内の小学校数の変化」 □地図「杉並区内の図書館の分布」 □図表「昭和40年と現在の区役所の組織図」 □写真「杉並公会堂」 □写真「渋滞する青梅街道」 【知①】
まとめる	問い **これからの杉並区はどのように変化していくのだろう。**（4時間） ○杉並区の年表を完成させ，年表をもとにこれからの杉並区がどのように変化していくのか予想し，話し合う。 ○区役所が計画している杉並区の今後の展望や政策について調べ，学習したことをもとにまちをよりよくするアイディアを考える。 ○近いアイディアごとにグループをつくり，アイディアを画用紙にまとめる。 ○区役所のまちづくり推進課の方にゲストティーチャーとして来ていただき，アイディアを発表する。また，まちづくり推進課の方がどのような思いで仕事をしているのかを聞く。 ○これまでの学習を振り返り，学習問題に対する自分の考えをノートに書く。	□写真「平成に入ってからの杉並区の様子」 □冊子『杉並区まち・ひと・しごと創生総合戦略』 ◆交通，人口など，これまでに学習した内容と関連付けてアイディアを考えさせる。 □区役所のまちづくり推進課の○○さん（ゲストティーチャー）の話 【思②】【態②】

5 指導上の工夫

1 主体的・対話的な学びの工夫

つかむ段階や調べる段階では，１学期に学習した「杉並区の様子」を想起させたり，自分たちが住んでいる現在の杉並区の町並みや人々の様子も資料として提示したりする。現在のまちの様子をゴールとして示すことで，そこに至るまでの昔の様子の変化を，児童が主体的に追究できると考えた。

また，対話的な学びを実現させるために児童同士の話し合い活動はもちろんのこと，地域に住み続けてきたお年寄り，郷土博物館の学芸員，区役所のまちづくり推進課の方をゲストティーチャーとして招き，児童と対話する場を設定した。

2 「見方・考え方」を働かせた深い学びの実現

① 年表にまとめ，年表をもとに考える活動

学習計画を立てる際に児童から出た交通・人口・公共施設・土地利用などの視点をもとに調べていった内容を，毎時間年表にまとめていく。年表を作っていくことで，それぞれの視点において時期による違いが明確にとらえられるようになる。さらに，年表で「まちの様子の変化」と「人々の様子の変化」を整理しながら作ることで，完成した年表を見返す際にまちの様子と人々の様子がそれぞれ関連していることを読み取れるように意図した。

年表を作成する児童たち

② 調べてきたことをもとに，まちをよりよくするためのアイディアを考える活動

まとめる段階では杉並区政の展望を資料として読み取らせ，これからもまちや人々の生活が変化し続けることをとらえさせた。その未来のまちをつくっていくのは児童たち自身であることに気づかせ，よりよいまちにしていくためのアイディアを主体的に考えることができるようにした。これまでに働かせてきた，時期による違い，住宅地や公共施設の広がり，役所や人々の働きなどの見方・考え方を統合することで，これからも変化していくであろう杉並区をどんなまちにしていきたいのかを考えさせた。

まちづくりのアイディアを話し合う児童

資料等

○追究場面で活用した資料例

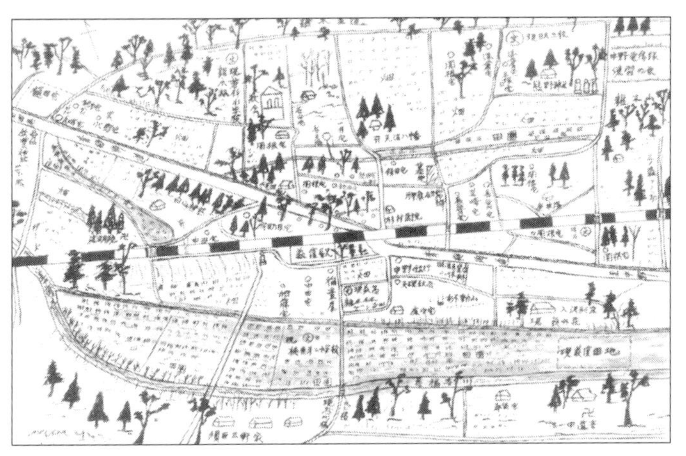

大正時代の荻窪駅付近の様子（矢嶋又次作）

大正～昭和前期頃の農作業の様子
（松原俊夫撮影，杉南区立郷土博物館）

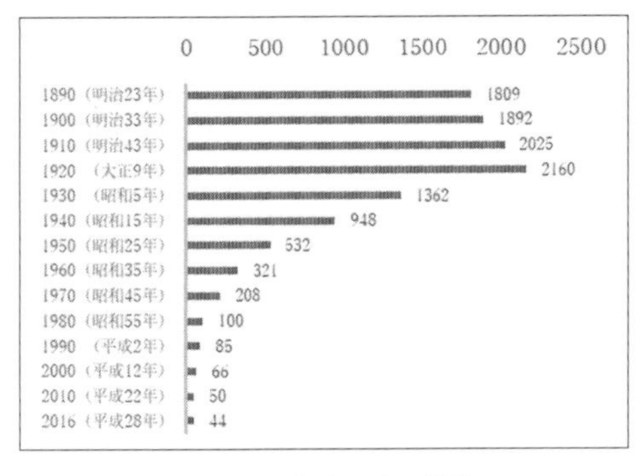

杉並区の農地面積の推移

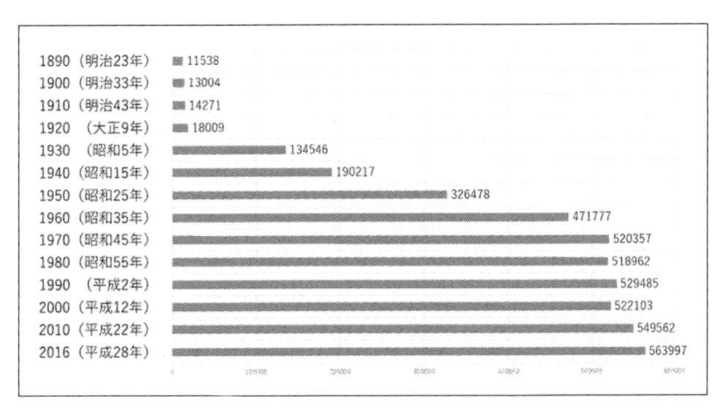

杉並区の人口の推移

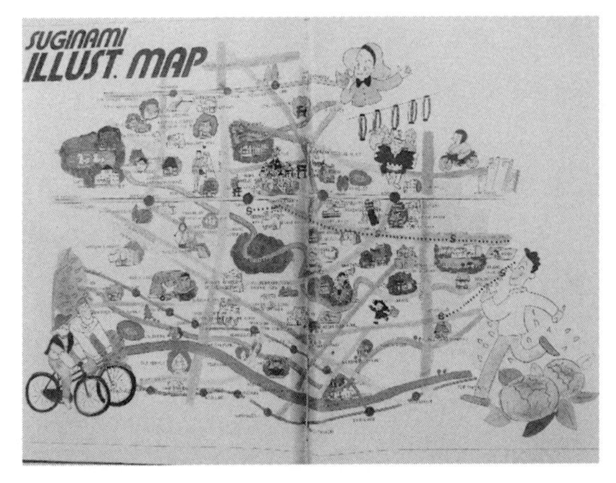

外国人居住者向けのガイドマップ

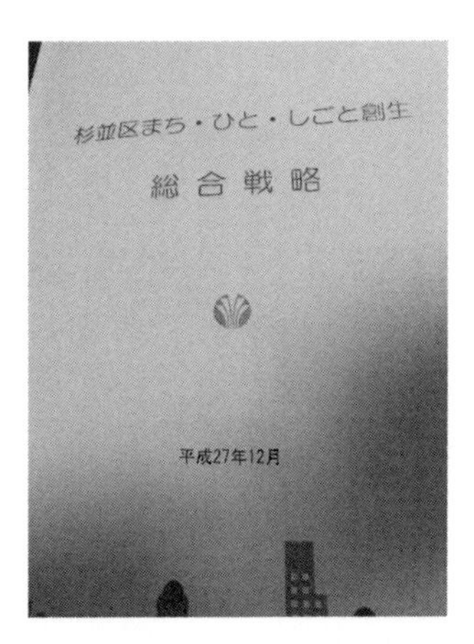

『杉並区まち・ひと・しごと創生総合戦略』

7 本時の展開（6/16時）

1 目標

杉並区の農地面積の推移と杉並区の人口の推移を関連付けて調べることを通して，大正時代末期や昭和の頃に人口が大きく増えたことで農地が減少していったことを理解できるようにする。

2 展開

主な学習活動（・予想される児童の反応）	□資料　○留意点
1　前時の学習を振り返り，杉並区の農地面積が減少した理由を予想する。	□グラフ「杉並区の農地面積の推移」
杉並区では農業が盛んだったのに，なぜ昭和になってから農地面積が減ったのだろうか。	
・農業がもうからなくなったからかな。 ・みんな農家以外の仕事をするようになったと思うよ。 ・畑の代わりに別のものができたからじゃないかな。	○前時までに学習したように，杉並区は大正末期～昭和初期まで農地が広がっており，区民の多くは農家であったことを想起させる。
2　杉並区の人口の推移のグラフと農地面積の推移のグラフを関連させて読み取る。 ・人口が増えてきた時期と農地が減ってきた時期がほとんど同じだ。 ・家がたくさん増えたから，その分農地が減っていったんだね。 ・なぜ，急に人口が増えたのかな。	□グラフ「杉並区の人口の推移」 ○大正時代末期と，昭和20年頃に人口が大きく増えていることに気づかせる。
3　資料から，杉並区の人口が急に増えた理由を考える。 ・関東大震災は都心で被害が大きく，多くの人が杉並区に移り住んできたんだね。 **4　本時のまとめをし，学習感想を書く。** ・地震や戦争の影響で多くの人が杉並区に移り住み，それによって農地は減った。	□写真「関東大震災で壊滅した都心の様子」 □地図「戦争で焼け野原になった区域」 ○杉並区は都心に近く，多くの人が移り住むのに適していたことをとらえさせる。

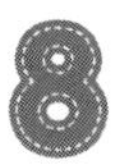

子どもの学びの様子

1 第6・7時の学習活動と児童の学習感想から

第6時では杉並区の人口が増えてきた様子について調べ，第7時では人口増加に伴うまちの様子の変化について調べた。まちの変化についても人口の増加と関連させて扱うことで，「まちに住む人が多くなったから，その分お店なども多く必要になった」ということに気づいている様子が学習感想に表れていた。また，この児童は店以外に「電柱」が増えたことから，まちの様子が変わると人々の生活も変化するのではないか，という予想を立てていた。

M児の学習感想

> 第6時　人口の増加について
> 人口がふえて畑が減ったなら，家が多くなりお店も増えると思いました。昭和になると大正になかったものがあったのか知りたいです。

> 第7時　まちの様子の変化について
> 家が増えると，お店も増えてまちがにぎやかになりました。そして，まちの様子だけでなく人や家の様子が変わったのだと思いました。（中略）家にコンセントができたことで便利になったのだと思います。

2 第14～16時の学習活動と児童の学習感想から

単元のまとめの場面では，児童がこれまでの学習を振り返り，追究の視点（人口・土地利用・公共施設・交通・生活の道具など）をもとにこれから杉並区をよりよくするためのアイディアを考えた。ここでは，単元の学習を通してまとめてきた年表と区役所が発行している資料をもとに，グループごとにアイディアを考えた。単元の最後には区役所の「まちづくり推進課」の方をゲストティーチャーとして呼び，各グループのアイディアを児童からの提案という形で発表した。実際にまちづくりをしている行政の方にアイディアを価値付けていただいたことで，児童がこれからの区の発展や自分がどう関わっていくのかを考える機会となった。

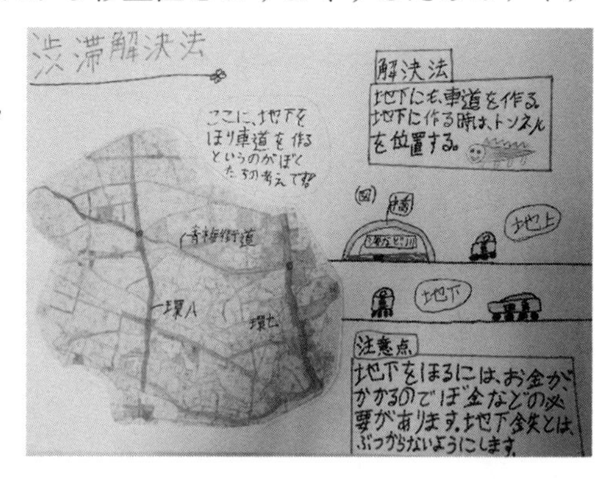

「交通」に着目したグループのアイディア

第16時のK児の学習感想

> 杉並区は人口が増えて畑や水田が家になり，公きょうしせつも増えました。だから区民の生活も便利になって道具も電気が使えるようになって区民も安心したと思います。区役所も区民が安心したのでうれしかったと思います。区役所は区民の協力と区民が税金をはらってきたから成り立っていたと思います。わたしは大人になってからも区のために協力したいです。

 実践のまとめ

1 子どもの姿から

社会的事象の見方・考え方を働かせるとともに，人口・土地利用・公共施設・交通・生活の道具などの視点を関連させて追究していくことで，児童がまちや人々の生活の様子を深く理解することができた。

第16時のR児の学習感想

杉並区のまちは人口が増えてお店や家などがたくさんできて，昔よりもっと便利になったと思いました。これから，杉並区はもっと便利になって公共しせつが充実すると思いました。杉並区のかんきょうがさらに良くなると思います。杉並区は，昔は学校もあまりなかったけど，人口が増えて，保育園や学校がだんだん増えて安心してくらせるようになりました。これからもいろいろなものが便利になって，安心してくらせる杉並区がいいです。

さらに，これまでの杉並区の様子に加えてこれからの杉並区の様子も考えたことから，自分も地域に住む一員としてどのように関わっていきたいかを考える姿も見られた。

第16時のS児の学習感想

杉並区はこれから，ぎじゅつが進んでロボットがたくさん増えるまちになるかもしれないけど，まだ他のまちとか外国から人がうつってきて人口が増えるかもしれない。だから，昔の人々が杉並区をにぎやかにつくりあげてきたように，わたしも杉並区の一員として楽しいにぎやかな区をつくりあげていきたいです。

第16時のY児の学習感想

杉並区のまちは，昔は戦争とか関東大震災とか大きな出来事があり，人口が増え，畑をこわし，家を建てたりして公共しせつも増えました。時代が進むにつれて公共しせつが増えて生活が便利になりました。ぼくは，区民が税金をきちんとはらってくらしができるような区にしたいです。

2 考察

今回の実践から，毎時間の「問い」を意識して単元構成をデザインしていくことにより，児童の思考の流れが大きく影響を受けることが分かった。本実践では「まちの様子の変化」と「人々の生活の変化」がどのように関わり合っているのかをとらえられる単元の展開を意図した。また，単元の導入には杉並区の歴史的背景から「土地利用の変化」を取り上げたが，地域の特徴によっては「交通」や「人口」など他の視点から切り込むことで移り変わりがとらえやすくなることも考えられる。今後，他地域ではどのような単元構成になるのかについても追究していきたい。

（新宅　直人）

8 時期による違いに着目して，それぞれのよさや課題を考える事例

1 単元の目標

徳島市の様子の移り変わりについて，交通や公共施設，土地利用や人口，人々の道具などの時期による違いに着目して，聞き取ったり過去や現在の地図をもとに調べたりして，市の様子の変化や今後の市のあり方を考え，市や人々の生活が時間の経過に伴い移り変わってきたことを理解できるようにするとともに，学習問題の解決に向けて主体的に追究しようとする態度や，学習したことを生かして市の発展を考えようとする態度を養う。

2 評価規準

知識・技能	思考・判断・表現	主体的に学習に取り組む態度
①交通や公共施設，土地利用や人口，生活の道具などの時期による違いについて，写真資料や地図資料の活用，聞き取り調査などをして，必要な情報を集めて読み取り，市や人々の生活の様子を理解している。 ②調べたことを自作の絵年表や文に整理してまとめ，市や人々の生活の様子は時間の経過に伴い移り変わってきたことを理解している。	①交通や公共施設，土地利用や人口，生活の道具などの時期による違いに着目して問いを見いだし，市や人々の生活の様子を考え，表現している。 ②事象を相互に関連付けたり，市の様子と人々の生活を関連付けたりして，市や人々の生活の様子の変化を考えたり，これからの市のあり方について自分の考えをまとめたりして，適切に表現している。	①市や人々の生活の移り変わりについて，予想や学習計画を立てて主体的に学習問題を追究・解決しようとしている。 ②学習したことをもとに，これからのよりよい市のあり方について，市民の一人として考えようとしている。

 単元の内容について

この単元は，新学習指導要領において新しく示された内容である。これまでの「昔の道具とそれを使っていたころの生活の様子」から「市の様子の移り変わり」に改められた。

「交通」「公共施設」「土地利用」「人口」「生活の道具」などの時期による違いに着目して学習を進めていく。調べたことは，絵年表（昭和・平成など元号を用いる）などにまとめていく。市の様子や人々の生活が時間の経過に伴って移り変わってきたことを理解できるようにするとともに，少子高齢化や国際化などに触れ，これからの市の発展を考えることができるようにする単元である。

 単元展開例

	○主な問い，学習活動・内容 ☆見方・考え方	□資料　◆指導の手立て 【　】評価の観点
つかむ	**問い 昔の徳島市がどのような様子だったのか考えよう。**（2時間） ○明治22年頃と現在の徳島市の様子を記録した写真を見て，気づいたことを話し合い，単元の学習問題をつくる。	□写真「明治22年頃の徳島駅周辺」 □写真「現在の徳島駅周辺」 ◆場所を伝えずに昔の写真を提示することにより，市の移り変わりについて考えていこうとする関心を高める。
	学習問題 徳島市の様子やくらしがどのように変わったのか調べよう。	
	☆「交通」「公共施設」「土地利用」「人口」「生活の道具」などの時期による違いに着目する。 ○学習問題に対する疑問や予想を出し合い，調べ方を話し合う。 ・吉野川橋の工事はいつ行われたのか。 ・昔は今よりも田畑が多かったのでは。 ・市役所の方に話を聞くといいのでは。	◆疑問や予想を板書上で分類して，「交通」「公共施設」「土地利用」「人口」「生活の道具」など，単元を通して意識していく視点を引き出す。 ◆昔のことが載っている本を見るとよいことに気づかせる。 【態①】【思①】
調べる	**問い 昔の徳島市は，どのような様子やくらしだったのだろう。**（11時間） ☆「人口」と「公共施設」の増加，「土地利用」と「交通」の変化など，それぞれの視点を関連付けてとらえる。 ○過去の地域副読本や昔の写真資料から調べる。 ○市役所の企画政策課の方のお話を聞いたり，質問をしたりして調べる。 ○周遊船に乗ったり，公共施設を見学したりして調べる。 ・ひょうたん島クルーズ（地域の周遊船） ・市の高齢者福祉施設，子育て支援施設，交通局，公民館，博物館等	□市の歴史を記録した写真資料集 □冊子『徳島市のくらし』（地域副読本） ※過去の冊子が資料となる。 □冊子『統計情報とくしま』 □冊子『徳島市まちづくり総合ビジョン』 ◆市役所の企画政策課の方に話を伺う場面を設定することにより，まちづくりの視点を含め，歴史を調べることができるようにする。 ◆教材研究の際に，市役所の方を窓口として，他の公共施設を紹介してもらうとよい。 ◆発見したことを絵カードに表し，年表に貼る活動を設定する。 【知①】

	○調べたことを整理して，オリジナルの絵年表に整理する。	
まとめる	 **昔と比べて今の徳島市はどのように変わってきたのだろう。**（1時間） ○昔と比べて今の徳島市を，「○○な市」という形で表す。 ・「安心な市」じゃないかな。お年寄りの方のための施設が増え……。 ・「便利な市」だと思うよ。その訳は，昔と違って今は子育てで悩んだときに教えてもらうことができるところが……。だから，くらしやすくなっているよ。 ・「さみしい市」だと思うな。昔と比べて，人口やバスの本数などが減ってきていて……。くらしやすくないと思う人もいるのでは。	□「調べる」段階で入手した資料 （「いかす」段階でも使用する） ・「お年寄りや子どもの数の変化」 ・「市に住む外国人の数の変化」 ・「市の田畑の面積の変化」 ・「小学校の閉校を報じた新聞記事」等 ◆抽象的に「どのように変わったか」を問うのではなく，「『○○な市』に自分ならどんな言葉を入れたいか」を問う。 ◆市役所の方の「みんなにとってくらしやすい市にしたいと思っています」という言葉を思い出せるようにし，左の下線部のように考えの相違を引き出し次時の話し合いへと意識をつなげる。 【思②】
	 **今の徳島市は，みんなにとってくらしやすい市になってきているのだろうか。**（1時間） ☆時期による違いに着目して，市の特長や課題をとらえる。 ○調べたことをもとに話し合う。 ・わたしはくらしやすくなっていると思う。昔と比べ，駅前に多くの店が…… ・少しくらしやすくない点があると思う。昔と比べ，田畑が減って……	◆「市の特長」と「市の課題」に分けて板書する。市の課題を踏まえて，「この先もっとくらしやすい市にしていくにはどうすればいいか」と問いかけ，意識を次時へつなぐ。 【知②】【思②】
いかす	 **もっとくらしやすい市にするために，特に大事だと思う取組は何だろう。**（2時間）	◆市役所の方に，子どもたちが感じた市の課題を伝え，市が実際に取り組んでいることを教えてもらう。その取組をモデルに，未来に向けて前向きに話し合うようにする。 【態②】

5 指導上の工夫

1 主体的・対話的な学びの工夫

単元の導入の際に，子どもたちの予想や疑問を黒板上で分類した。分類した視点は，「交通」「公共施設」「人の数（人口）」「土地の使われ方（土地利用）」「くらしの道具（生活の道具）」である。単元の導入の際に，これから調べていく視点を見いだすことで，見通しをもって主体的に単元の学習を進めていくことができる。

また，調べたことを絵年表に表していくことで，目的意識をもって調べ活動を進めていくことができる。対話的な学びを実現するためには，単元の中で議論ができるような場面を設定することが有効である。詳しくは，2で説明したい。

2 「見方・考え方」を働かせた深い学びの実現

本単元では，友達の考えとの相違（ズレ）から子どもの内に問いが芽生え，議論ができるような場面を３つ設定した。１つ目は，「今の徳島市を『○○な市』という形で表す」場面である。子どもたちは，「安心な市」「便利な市」「さみしい市」などの形で表現した。２つ目は，本時として示した「今の徳島市が，暮らしやすい市となってきているかを話し合う」場面である。以下に示したのが板書の写真である。３つ目は，「もっと暮らしやすい市にするために特に大事だと思う取組は何かを話し合う」場面である。「ファミリーサポート」「農家の講習会」「商店街でのイベント」など，市役所の取組をモデルに市の発展を考える場面である。

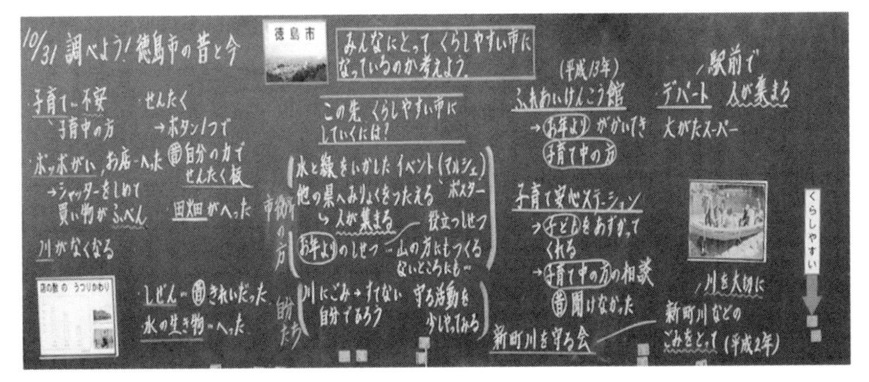

考えの相違（ズレ）をもとに議論していく中で，「駅ができた頃と比べて，今の徳島市は交通が○○だから……」のように，時期による違いに着目した見方・考え方を働かせて考えるようになった。根拠となる資料として絵年表やグラフなどを掲示したり，「昔はどうだったのかな」などと問いかけたりすることも有効である。今回は３つ，このような場面を設定しているが，もちろん３つとも設定しなければならないことはない。子どもたちの実態を見ながら，単元の中で１つは，考えの相違（ズレ）から議論ができるような場面を設定してみるとよいのではないだろうか。

資料等

1 追究場面で活用した資料例

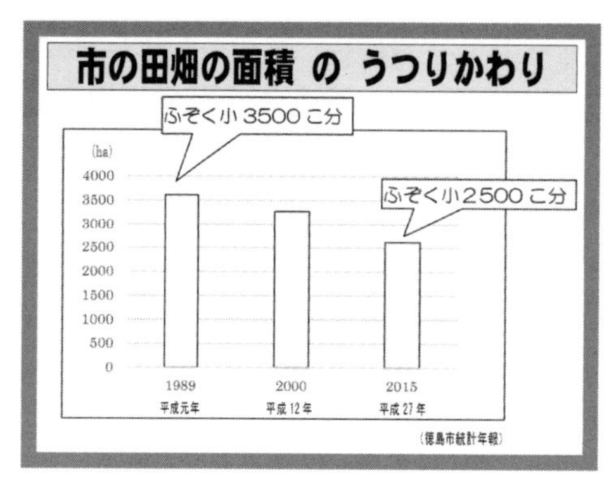

「総務省国勢調査」「徳島市統計年報」等を
もとに加工した統計資料

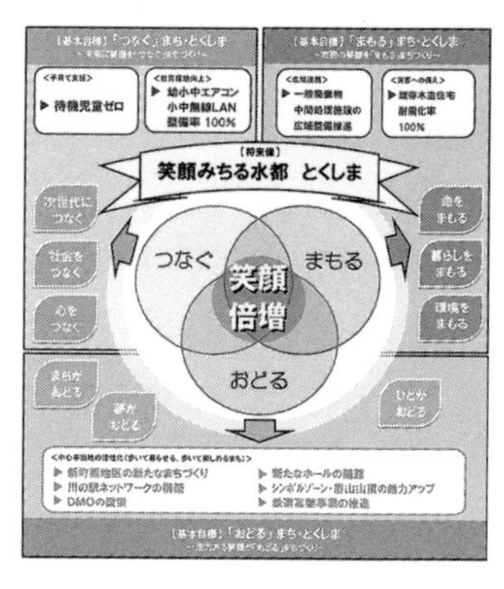

「徳島市まちづくり総合ビジョン」
（徳島市公式ウェブサイト上で公開）

子どもたちの発見カード

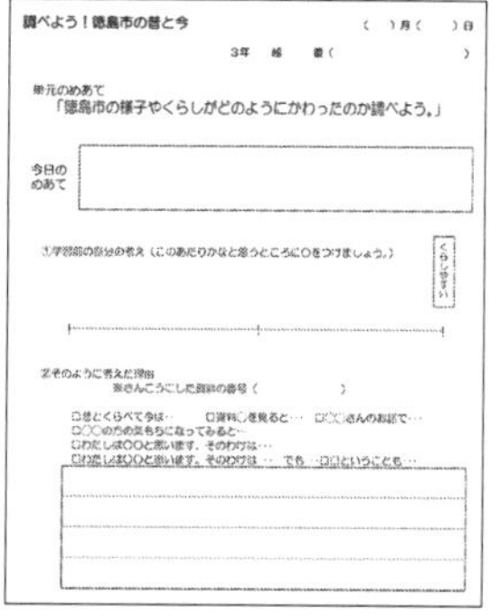

本時のワークシート

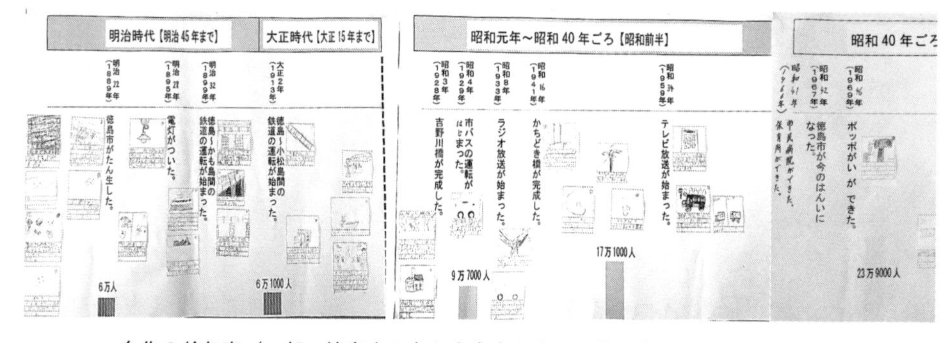

自作の絵年表（一部，徳島市の主な出来事と人口の移り変わりを示したもの）

2 情報入手先

- 徳島市役所企画政策課
- 「総務省国勢調査」「徳島市統計年報」など

7 本時の展開（15/17時）

1 目標

徳島市の暮らしやすさについて話し合うことを通して，時間の経過に伴う市の特長や市に見られる課題をとらえ，今後の市のあり方について考えようとすることができるようにする。

2 展開

主な学習活動（・予想される児童の反応）	□資料　○留意点
1　前時の学習を振り返り，本時のめあてをつかむ。 ・昔と比べて今の徳島市は，くらしやすくなっているのかな。みんなの考えを聞いてみたいな。	○市の特長にふれた感想と，課題にふれた感想の両方を紹介することにより，考えの相違（ズレ）を感じ，問いが子どもの内に芽生えるようにする。
徳島市が，みんなにとってくらしやすい市になっているか考えよう。	
2　くらしやすい市になっているか，自分の考えをワークシートに書く。 ・ノンステップバスを増やしたと市バスの方に教えてもらったよ。だからわたしは……。 ・暮らしやすいと思うけど，お年寄りの方にとっては買い物が少し不便で……。	○ネームカードで自分の考えの立ち位置を表す活動を設定することにより，自分の考えを書くことができるようにする。 □「調べる」段階で入手した統計資料や見学で伺った話をまとめた資料　等
3　徳島市の特長と課題について話し合う。 ・便利にはなってきているんだけど，車がない方が買い物に行きづらいというAさんの意見はよく分かるな。 ・Bさんが言うように，子育ての施設ができたことは，すごくよかったと思うな。	○黒板の左側に「徳島市の課題」を，右側に「徳島市の特長」を書くなど分類して板書することにより，市の特長と課題の両面を踏まえて話し合うことができるようにする。
4　徳島市の今後について考え始める。 ・徳島市のよさと課題が分かってきたよ。これからどのようにしていくと，もっと暮らしやすい市になるのかな。	○「昔はどうだったのか」を問い返すことにより，時間の経過に着目して考えることができるようにする。 ○「この先もっと暮らしやすい市にするにはどうしたらいいか」を問いかけることにより，意識を次時へとつなぐことができるようにする。

8 子どもの学びの様子

1 第14時（前時）の児童の学習感想から

「今の徳島市を○○という形で表す」という学習を経て，A児・B児の記述のように，子どもの感想には相違（ズレ）が見られた。「暮らしやすくなった」と「暮らしやすくないと思うところもある」というズレである。このようなズレは，立ち止まって深く考えるために大切なものである。このズレを取り上げることにより，子どもたちの内に問いが芽生えた。

A児

徳島市はとてもくらしやすくなったと思う。昔と比べて住みやすい市になったと思う。もっと，便利になったり，住みやすくなるように工夫されるとうれしい。

B児 

昔と比べてくらしやすくなったかを考えてみると，とてもくらしやすくなったと思う。でも，高齢者の方にはくらしやすくないと思う方もいると思う。

2 第15時（本時）後の児童の学習感想から

本時では，「徳島市が暮らしやすい市になったか」を話し合うことを通して，見方・考え方を働かせて，徳島市の特長と課題を見いだした。C児・D児の記述から，徳島市の現状について，特長と課題の両方に目を向けたり様々な立場から考えたりして，多角的に深く考えていることが分かる。また，E児のように視点同士を関連付けて考える子どもが見られた。見いだした課題を踏まえて，「もっと暮らしやすい市にするために大事だと思う取組は何か」を話し合う場面へとつないだ。

C児

単元が始まる前は，昔と今はそんなに変わっていないと思っていたけど，実際はものすごく変わっていることがあったことを知った。今は，人口が減ったからにぎやかさは減ったけど，それでも徳島市を豊かにしようとしている人がいると思う。

D児

自然が減ったり，水の生き物が減ったりしてくらしにくくなったり，バスが少なくなったりしているけど，子育て安心ステーションができたりしてくらしやすくなっていると思う。また，高齢者のためのこともしている。

E児

大型スーパーなどの大きな店はたくさんあるけど，小さなコンビニエンスストアのような店は，人口が少ないから少なくなっていると思う。これからは子育ての施設を増やすと，人口が増えると思った。子育ての施設を増やすと安心して赤ちゃんが産めて人口が増えるから。

9 実践のまとめ

1 子どもの姿から

単元前にアンケートを実施した。その記述と単元後の振り返りを比較すると，考えの成長がよく分かる。下線部に注目すると，単元前と比べて徳島市の移り変わりや，市の特長・課題を自分の言葉で述べることができるようになったことが分かる。また，波線部に注目すると，本単元を通してどのような市を「よりよい社会」としてイメージしたのかが見えてきた。本単元が，よりよい未来へ向けて前向きに考え続けるその第一歩となれば幸いである。

G児　単元前

（徳島市のいいところは，）自然を楽しんだり，魚が新鮮なところ。

→

G児　単元後

単元の前よりも徳島市は便利な市だと思うところがたくさんある。単元の前は，徳島市はちょっとしか便利じゃないと思っていたけど，この単元でいろいろな話を聞いて，少し便利だと感じるようになった。子育てのための施設ができたり，バスでもノンステップバスができたり，公共施設が増えたり，ふれあい健康館ができたりして便利になったから。お金がたくさんかかったりして，少し不便なところがあるけど，もう少し工夫されてもう少し便利になったら，もっと外国人の方や県外の方が来てくれたりして，便利でにぎやかな市になると思う。

H児　単元前

他の県より狭いかもしれないけど，徳島動物園がいい。

→

H児　単元後

徳島市の様子やくらしがどのように変わったのかというと，ふれあい健康館や子育て安心ステーションなどができて，住みやすくなったと思う。でも，昔と比べてまちの様子はにぎやかじゃなくなったと思う。なぜなら，店はシャッターが閉まっている店が多くなったりしているから。徳島市をもっとにぎやかなまちにできるように，わたしもできるようなことで役立つことをしたい。

2 考察

実践を通して，子どもたちが見方・考え方を働かせて，昔と今を比べたり，市の特長や課題を見いだしたり，市の発展を考えたりする姿を見ることができた。ただ，たくさんの要素が関わる単元であるため，「いろいろなことが分かった」のように漠然と終わってしまう可能性もある。子どもたちが調べたことを活用し，焦点化していくためには，考えの相違（ズレ）を取り上げることが有効であると分かった。自分の考えと異なる友達の考えに触れることにより，「どうして○○さんは違う考えなのだろう」「他のみんなはどう考えるのだろう」のように，自分の内に問いが芽生える。その問いが見方・考え方を働かせて考える原動力となるのだと考える。今後，よりよい手立てを考えて研究を進めていきたい。

（佐藤　章浩）

▶▶私たちの県の様子（全10時間）

① 様々な地図を使った空間的な視点に着目して県の様子に迫る事例

1 単元の目標

県の様子について，我が国における埼玉県の位置，埼玉県全体の地形や主な産業の分布，交通網や主な都市の位置などに着目して，地図帳や各種資料などを用いて調べ，県の地理的環境の特色を考え，表現することを通して，埼玉県の地理的概要及び47都道府県の名称と位置を理解できるようにするとともに，学習問題を主体的に追究・解決し，埼玉県の様子に関心を高めるようにする。

2 評価規準

知識・技能	思考・判断・表現	主体的に学習に取り組む態度
①県の位置，埼玉県全体の地形や主な産業の分布，交通網や主な都市の位置などについて，地図帳や各種の資料などで調べ，県の様子を理解している。 ②調べたことを県の白地図や文などでまとめ，自分たちの県の地理的環境の概要を理解している。	①県の位置，埼玉県全体の地形や主な産業の分布，交通網や主な都市の位置などに着目して問いを見いだし，県の様子を考え，表現している。 ②調べたことを総合して，県の地理的環境の特色を考え，表現している。	①県の様子について，予想や学習計画を立てて主体的に学習問題を追究・解決しようとしている。 ②学習したことをもとにして，県の様子に関心を高めている。

単元の内容について

本単元は，県の位置，県の地形や産業の分布，交通網や主な都市の位置などに着目して様子をとらえ，県の地理的環境の特色を理解する学習である。主として「位置や空間的な広がり」に着目して社会的事象をとらえることとなるため，地図帳や立体地図，白地図などを活用することが大切である。また，地形や産業，交通網などの情報を個々に扱うのではなく，総合して考えることで，ねらいに迫りたい。なお，本単元で確かになった地理的概要や「見方・考え方」は，「県内の自然災害」や「県内の特色ある地域」の学習の基盤ともなる。

単元展開例

	○主な問い，学習活動・内容 ☆見方・考え方	□資料　◆指導の手立て 【　】評価の観点
つかむ	問い **埼玉県は日本のどこにあるのだろう。**（2時間） ○地図帳を見て，47都道府県の名称と位置を確認する。 ○都道府県の名称や位置についてのクイズをつくる。	□地図帳 □地図「人工衛星から撮影した埼玉県」
	問い **埼玉県はどのようなところだろう。**（1時間） ☆位置や地形に着目してとらえる。 ○県内各地のゆるキャラが何を表しているか考え，産業などに関心をもつ。 ○第３学年「身近な地域や市の様子」の学習を想起し，場所により土地利用に違いがあることを予想し，学習問題をつくる。	□イラスト「県内各地のキャラクター」 □地図「市の土地利用の様子」 ◆市と同じように県にも緑の多いところや土地の低いところなどがあることをおさえる。
	学習問題 **埼玉県の地形，産業，交通には，どのような特色があるのだろうか。**	
	○学習問題に対する予想をもとに，学習計画を立てる。 ・市の様子と同じように，広く平らな土地に工場が集まっているのではないか。	◆第３学年「身近な地域や市の様子」で身につけた追究の視点を生かすよう助言する。 【思①】【態①】
調べる	問い **山地や低地などの地形は，どのように広がっているのだろう。**（2時間） ○立体地図を活用して，土地の様子を調べる。 ○白地図作業を通して，山地や低地などの位置や広がりを調べる。	□立体地図 □地図「県の土地の様子」 □写真「山地の様子」「低地の様子」 ◆地形図と写真を照らし合わせて見ることで，土地の使われ方や様子を具体的にとらえられるようにする。
	問い **埼玉県では，どのような産業が盛んなのだろう。**（2時間）	□地図「主な農産物の産地」 □写真「農産物の収穫の様子」

	☆主な農産物の分布や主な工場の分布を地形など土地の様子と関連付ける。 ○地図を使って，どのような農産物や工業製品がつくられているか調べる。 ○主な農産物の産地や主な工業製品の生産地をトレーシングペーパーに写す。 ○作成したトレーシングペーパーと地図「県の土地の様子」とを重ね合わせ，農業や工場の分布について総合して考える。	□地図「主な工業製品の生産地」 □写真「工場の様子」 □イラスト「県内市町村のキャラクター」 ◆トレーシングペーパーを活用し，別の地図と重ねることで，位置や空間的な広がりに着目してとらえられるようにする。 【知①】
	問い **埼玉県の主な鉄道や道路は，どこを通っているのだろう。**（1時間） ☆地形や工場の分布と関連付け，総合してとらえる。 ○地図を使って，主な鉄道や道路がどこを通っているか調べる。 ○主な鉄道や道路をトレーシングペーパーに写す。	□地図「県内を通る主な鉄道や道路」 □写真「鉄道」「駅」「高速道路」 ◆県内各地だけでなく，県外にもつながっていることをおさえる。 ◆作成したトレーシングペーパーと地図「県の土地の様子」や「主な工業製品の生産地」とを重ね合わせ，交通網について総合して考えるようにする。 【知①】
	 **埼玉県にはどのような市や町があるのだろう。**（1時間） ☆主な都市の位置を地形や交通網などと関連付け，総合してとらえる。 ○県庁のある市や人口が集中している市など主な都市の位置を調べる。 ○前時で作成したトレーシングペーパーと重ね合わせ，総合して考える。	□地図「埼玉県の市町村」 □写真「主な都市の様子」 ◆これまで作成したトレーシングペーパーを活用することで，位置や空間的な広がりに着目して，地理的概要を総合して考えられるようにする。 【知①】【思①】
まとめる	問い **埼玉県はどのような特色があると言えるのだろう。**（1時間） ○これまでの学習を振り返り，地形と土地利用の関わりや，産業と交通の関わりなどについて，白地図にまとめ，学習問題に対する自分の考えを文章で表現する。	□これまで活用した地図や資料 ◆白地図にまとめたことをもとにして，自分の考えを文章で表現させる。 ◆これまで着目してきた地形，産業の分布，交通網，主な都市の位置などの視点を総合して考えるよう助言する。 【思②】【態②】

5 指導上の工夫

1 主体的・対話的な学びの工夫

① 地図を活用した主体的な学び

用語を暗記する学習になってしまいがちの単元である。そうならないために，地図をフル活用したい。立体地図の活用や作成，白地図への着色といった活動により，実感を伴った理解となる。山地や低地の広がりという地形の様子がつかめていれば，地形の様子と産業の分布を総合して考えるなど，積極的に「位置や空間的な広がり」に着目した学習が期待できる。

② 対話的な学びのよさを実感できるようにする

児童は学び合うことで，一人では読み取れなかった社会的事象の特色に気づいたり，見方・考え方の働かせ方をつかんだり，多面的に考えたりするようになる。対話するよさや必要性を実感できるようにするためにも，授業の振り返りとして「話し合いの中で，どのようなことが学びになったか」という視点を示し，学び方を振り返る活動を取り入れたい。

2 「見方・考え方」を働かせた深い学びの実現

① 既習で身につけた「見方・考え方」を生かす活動

第３学年「身近な地域や市の様子」では，市の地形や土地利用，交通の広がりなどに着目して，場所による違いを考えてきた。本単元では，この「空間的な視点」を生かすことで，さらに深い学びを実現させることができる。その際，「身近な地域や市の様子」で使用した資料を掲示することも効果的である。

② 「見方・考え方」を働かせる資料と問い

本単元では，地図帳や白地図，立体地図とともに，トレーシングペーパーを活用する。産業の分布を写したトレーシングペーパーを地形図の上に重ねることで，位置や空間的な広がりに着目しながら複数の情報（例えば，産地と地形）を総合して考えられるようにする。その際，「どのように広がっているか」などの考察に向かう問いをセットにすることで，「見方・考え方」を働かせることができるようにする。

6 資料等

1 追究場面で活用した資料例

川口市マスコット
「きゅぽらん」

鋳物

深谷市イメージキャラクター
ふっかちゃん

ねぎ

ハッピーこまちゃん®

（八潮市）

小松菜

埼玉県内のマスコットキャラクター

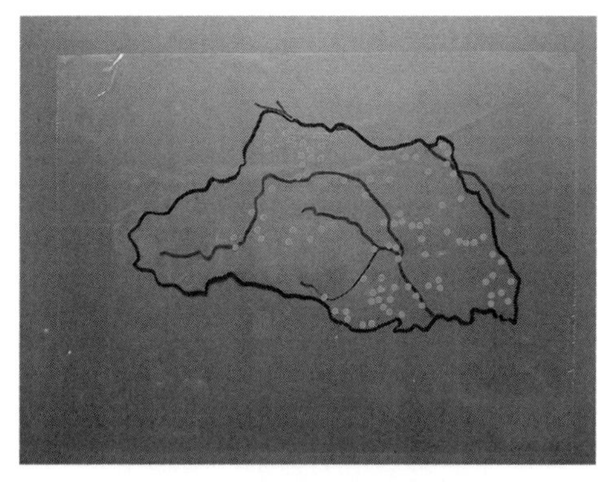

主な農産物の産地
（透明シート：黒板掲示用）

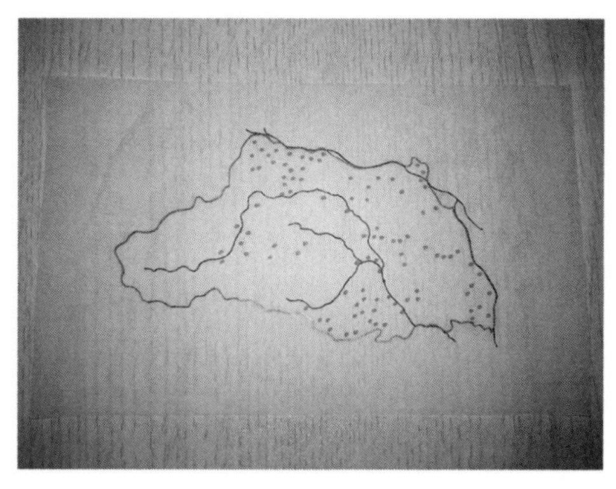

主な農産物の産地
（トレーシングペーパー：児童用）

埼玉県の土地の様子

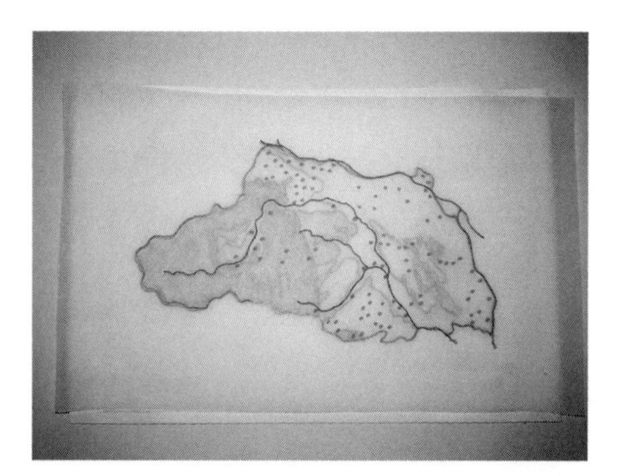

地図とトレーシングペーパーを重ねた資料

2 情報入手先

- ゆるキャラ：川口市・深谷市・八潮市のホームページ（各市役所の担当課）

7 本時の展開（6/10時）

1 目標

埼玉県の農業について，産地の分布と地形の様子を総合して考え，特色を表現できるようにする。

2 展開

主な学習活動（・予想される児童の反応）	□資料　○留意点
1　単元の導入で読み取ったゆるキャラから本時の課題をつかむ。 ・埼玉県ではいろいろな農産物が作られている。	□イラスト「県内市町村のキャラクター」 ○ゆるキャラを活用して関心を高めるとともに，たくさんの農産物がありそうだということをおさえる。
埼玉県では，どのような農業が盛んなのだろう。	
2　課題について話し合う。 ・小松菜やねぎが作られている。 ・お米や花も作られている。 ・小松菜は産出額が全国１位。 ・北や東の方で多く作られている。 **3　農産物の産地をトレーシングペーパーに写し，地図「埼玉県の土地の様子」と重ね，特色を総合して考える。** ・産地は低地や台地に広がっている。 ・広く平らな土地で多く作られている。 ・山地ではぶどうが多く作られている。 ・川にそった低地で農業がさかんだ。 **4　自分の考えを交流し合い，まとめる。** ・産地は低地や台地など，平らな土地に広がっている。 ・土地の様子によって作られているものが違ってくる。	□地図「埼玉県の主な農産物の産地」 □図表「埼玉県の主な農産物の産出額全国順位」 □写真「農産物の収穫の様子」 ○地形と関連付けて考えている児童の気づきを取り上げる。 ○「どのように広がっているでしょうか」と問い，空間的な見方・考え方を働かせられるようにする。 ○トレーシングペーパーを活用し，土地の様子が分かる地図と重ねることで，位置や空間的な広がりに着目してとらえられるようにする。 ○地図を活用するなど，根拠を示しながら交流するよう留意する。 ○学び合いを通して，一人では読み取れなかった社会的事象の特色に気づいたり，見方・考え方の働かせ方が分かったりするようにする。

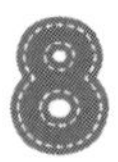

子どもの学びの様子

1 第6時の学習活動と児童の学習感想から

学習問題をつくるにあたり，県内各地のゆるキャラを活用し，県の特色や産業への関心を高めた。また，第3学年「身近な地域や市の様子」で働かせた空間的な見方・考え方を生かして学習問題をつくったり予想をしたりしたことで，児童の問題意識がより高まった。

本時における児童の振り返り

田んぼや畑がどのように広がっているのかが気になった。

どういうふうに土地が使われているのかを調べていきたい。

山地と低地では畑で育てるものがちがうのかなと思った。

川口市と同じように台地に畑，低地に工場が広がっていると思う。

2 第7時の学習活動と児童の学習感想から

県の農業について，産地の分布と地形の様子を総合して考え，特色をとらえた。その際，トレーシングペーパーに産地の分布を写し，地形図に重ねる活動を行った。このことにより，児童は位置や空間的な広がりに着目してとらえ，総合して考えることができていた。また，学び合いを通して，一人では読み取れなかった社会的事象に気づき，学びが深まっていた。

産地は低地や台地に広がっているね。

川の近くにも広がっていると言えそうだ。

山地には農産物が少ないな。

確かに山地には少ないけど，ぶどうは多く作られているみたいだよ。

学び合いの様子

本時における児童の振り返り

台地と低地で多く作られていて予想どおりだった。

地図を重ねたから，どういうふうに広がっているか考えられた。

山地ではあまり作られていないと思ったけど，ぶどうを作りやすいことに気がついた。

川の近くには注目していなかったけど，確かに産地が広がっていた。

 実践のまとめ

1 子どもの姿から

農産物の分布や工場の分布，交通網をトレーシングペーパーに写して地図と重ねるという活動を，単元を通して行ったことで，児童は位置や空間的な広がりに着目し，情報を総合して考えるようになった。児童の表現した学習問題の結論を読んでみると，単なる事実の羅列ではなく，産地の分布と地形とを総合したり，交通網と主な都市とを関連付けたりして考え，県の地理的環境の特色をとらえていることが分かる。「見方・考え方」を積極的に働かせて学ぶ姿が見られたと言える。

児童が表現した学習問題の結論

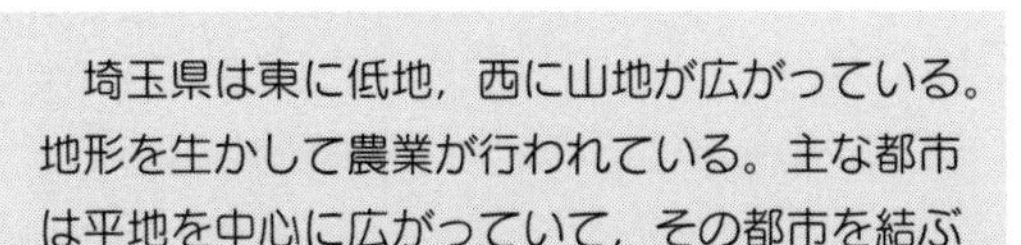

埼玉県は東に低地，西に山地が広がっている。地形を生かして農業が行われている。主な都市は平地を中心に広がっていて，その都市を結ぶように鉄道や道路が広がっている。

埼玉県は西に山地があり，東に低地がある。つまり西から東にかけて低くなっていく。そして，台地や低地に田や畑が広がっている。低地には鉄道や道路も広がっていて工場も広がっている。

2 考察

①トレーシングペーパーを活用して２つの地図を重ねられるようにしたことで，児童は位置や空間的な広がりに着目し，複数の情報を総合して考えるようになった。「見方・考え方」を働かせて学ぶ姿が見られた。トレーシングペーパーに写す活動に時間のかかる児童もいる。あらかじめ県の形を印刷しておくなどの工夫が必要である。

②資料を提示したり地図を活用したりする際には，「どのように広がっているでしょう」といった考察に向かう問いを投げかけた。このことにより，「見方・考え方」を働かせる学習となった。「見方・考え方」を働かせて学ぶのは児童だが，そのような学習となるように，教師の意図的な働きかけも大切であると言える。

（佐野　純也）

②「水の旅マップ」を通して経路に着目し，飲料水供給の働きをとらえる事例

1 単元の目標

飲料水を供給する事業について，供給の仕組みや経路，県内外の人々の協力などに着目し，見学・調査したり地図などの資料で調べたりして，それらの事業が果たす役割を考え，表現することを通して，飲料水を供給する事業は，安全で安定的に供給できるよう進められていることや，地域の人々の健康な生活の維持と向上に役立っていることを理解できるようにするとともに，主体的に学習問題を追究・解決し，学習したことを生かし地域の一員として節水などの取組に協力しようとする態度を養う。

2 評価規準

知識・技能	思考・判断・表現	主体的に学習に取り組む態度
①供給の仕組みや経路，県内外の人々の協力などについて，見学・調査したり地図などの資料で調べたりして，飲料水の供給のための事業の様子を理解している。 ②調べたことを図（マップ）や文などにまとめ，飲料水の供給のための事業は，安全で安定的に供給できるよう進められていることや，地域の人々の健康な生活の維持と向上に役立っていることを理解している。	①供給の仕組みや経路，県内外の人々の協力などに着目して問いを見いだし，飲料水の供給のための事業の様子について考え，表現している。 ②調べたことを人々の生活に関連付けながら，飲料水を供給する事業が果たす役割を考え，適切に表現している。	①飲料水の供給のための事業について，学習計画や予想を立てて主体的に学習問題を追究・解決しようとしている。 ②学習したことを自分の社会生活に生かし，地域の一員として節水などの取組に協力しようとしている。

単元の内容について

この単元では，飲料水を供給する仕組みが過去から現在に至るまでに計画的に改善され，公衆衛生が向上してきたことに触れることで，地域の人々の健康な生活の維持と向上に役立っていることを理解できるようにする。その際，地域の実態に応じて，見学を取り入れたり関係機関が作成した資料などを活用したりして，具体的に調べることができるようにする。

また，水を大切な資源としてとらえ，節水に向けて自分たちが協力できることなどを考えたり選択・判断したりするなど，資源の有効利用に関心を高めるよう配慮する。

単元展開例

	○主な問い，学習活動・内容 ☆見方・考え方	□資料　◆指導の手立て 【　】評価の観点
つかむ	問い **利き水を行い，話し合ったことから学習問題をつくろう。**（１時間） ○市販の水と水道の水を飲み比べて感じたことを表にまとめ，どちらがおいしいか話し合う。 ○市販の水と水道の水の値段を比べて，どちらが安いか話し合う。 ○１日に使う水の量と水の使われ方について話し合う。	□市販の水，水道水 □市の水道料金請求書 □図表「市で１日に使う水の量と人口の移り変わり」 □図表「家庭での水道の水の使われ方」 ◆よさや課題を比較するようにする。 ◆水の使用量減少の理由を考えさせる。 【思①】
	学習問題 **安くておいしい水道の水は，どこからどのようにして家庭や学校に送られてくるのだろう。**	
	問い **答えを予想しながら「水の旅マップ（予想図）」をつくり，学習計画を立てよう。**（１時間） ☆水の経路に着目する。 ○予想図を作ってグループで話し合い，それをもとに全体で学習計画を立てる。	□図表「水の旅マップ（予想図）」 ◆主に「調べること」と「調べ方」を話し合わせる。 【態①】
調べる	問い **水道の水は，どこからくるのだろう。**（１時間） ☆位置や空間的な広がり，他地域とのつながりに着目する。 ○飲料水が家庭や学校に送られるまでの経路について調べ，図や言葉に整理して，話し合う。 ・川や地下水から浄水場や配水場を通って，市のほとんどの地区に送られる。	□図表「水道のいろいろな施設」「市の水道」 □副読本『みんなをまもる水の旅』 ◆施設の名称や位置，家庭や学校までの経路をおさえる。 【知①】
	問い **水道の水は，どのようにつくられているのだろう。**（１時間）	□図表「浄水場の仕組み」 ◆市の施設めぐりや出前講座を活用する。

	☆人々の努力，施設の役割に着目する。 ○飲料水がつくられる過程や浄水場の仕組みを調べ，図に整理し，話し合う。	【知①】
	 **水道の水のもとになる川の水や地下水は，どこからくるのだろう。**（１時間） ☆位置や空間的な広がりに着目する。 ○水源や森林が「緑のダム」といわれる理由について調べ，話し合う。	□図説「落ち葉の働き」「緑のダム」 □写真「水源近くの森林」「川治ダム」 ◆森林を守ることの大切さに気づかせる。 【知①】
	 **水道の水をつくる仕事に関わっている人たちは，どのような努力をしているのだろう。**（１時間） ☆人々の努力や協力に着目する。 ○飲料水の供給に携わる人々の仕事や努力している理由を調べ，話し合う。	□写真「水の検査をする人」「工事をする人」 ◆市民が安全に安心して使えるよう努力していることをおさえる。 【知①】
	 **市の水道事業は，なぜ始まり，どのように広がったのだろう。また，これからどのような計画を立てているのだろう。**（１時間） ☆時間の経過や人々の努力に着目する。 ○水道の供給が始まった経緯や広がり，現在の普及状況や今後の計画，計画的に行ってきた理由について調べ，話し合う。	□図表「市の水道の歩み」「水道の広がり」 □グラフ「水道の普及率」 ◆地域の公衆衛生が向上し，健康な生活が維持・向上してきたことをおさえる。 【知①】
	 **家庭や学校で使った水は，どこへいくのだろう。**（１時間） ☆位置や空間的な広がりに着目する。 ○下水道施設の位置，下水処理区域，下水の処理の仕組みについて調べ，下水の行方を図や言葉でまとめ，話し合う。	□図表「市の下水道」「水再生センターの仕組み」 ◆水再生センターの仕組みや役割をおさえる。 【知①】
まとめる	 **安くておいしい水道の水は，どこからどのようにして家庭や学校に送られてくるのだろう。**（１時間） ☆比較・分類・総合など，事象の相互関係に着目する。 ○「水の旅マップ（完成図）」にまとめる。 ○完成図を見合い，飲料水ができる経路，水道施設の仕組みや役割を話し合う。 ○自分の考えを再構成して，まとめる。	□図「水の旅マップ（完成図）」 □図表「水の循環の仕組み」 ◆飲料水はわたしたちが使った水であることをおさえる。 【知②】【思②】
いかす	 **市が水道の水を安定してつくることができるように，わたしたちはどのようなことができるのだろう。**（１時間） ☆飲料水の供給とわたしたちの生活との関連や人々の協力に着目する。 ○飲料水をこれからも安定供給するためにわたしたちができることを話し合う。 ○自分の考えを再構成して，まとめる。	□写真「渇水時のダムの様子」 ◆水は限りある資源であることをおさえる。 【思②】【態②】

5 指導上の工夫

1 主体的・対話的な学びの工夫

「つかむ」段階において，学習問題に対する予想を立てる場面では，水道の蛇口のイラストを刷り込んだワークシートに水道水はどこからくるのかを予想させた。最初は難しそうで手が止まっていた児童も多かったが，蛇口から遡りながらかくとイメージしやすいことをアドバイスすると，かく手が動き出し，全員が予想を立てることができた。

その後，各々がかいた予想をグループで話し合い，練り合うことで，予想を少しずつ絞り込むことができた。

見通しをもつ場面では，予想したことをもとに，グループや学級全体で調べることや調べ方について話し合い，見通しの共有化を図ることができた。

かいた予想を持ち寄り，グループで話し合う児童

2 「見方・考え方」を働かせた深い学びの実現

見方・考え方を働かせて選択・判断するとは，社会に見られる課題の解決に向けて自分たちの関わり方を選択・判断することであり，「自分たちはどのような関わり方ができるか」という視点で，自分たちの生活や行動について選択することや，社会の発展に向けた意見をもたせることが大切である。

そこで，本小単元では，「いかす」段階において，「水は限りある資源である」という視点から，飲料水の確保と自分たちの生活との関わり方を選択・判断することとした。具体的には，渇水時の川治ダムや湯西川ダムの写真を提示し，「ダムに水がなくなるとどうなるか」と問いかけた。児童からは，「水不足になる」「水が使えない」といった発言が見られた。他方，以前に鬼怒川水系で油流失事故があったことや，宇都宮市よりも下流に浄水場があることを地図で場所を確認しながら話をし，「汚れた水が取水口に入ったらどうなるか」と問いかけた。児童からは，「浄水場が止まってしまう」「おいしい水が飲めない」「これからどうしよう」といった発言が見られるなど，児童に切実感をもたせることができた。

そのうえで，「水道の水を安定して供給できるように，わたしたちはどのようなことができるのだろう」と問いかけた。児童は，「24時間交代で働いている人たちの仕事が増えてしまうので，ごみを川に捨てない」「下流の人に迷惑をかけるから，使った油をそのまま流さないで固めてごみにして処理する」など，適切な選択・判断をすることができた。

6 資料等

1 追究場面で活用した資料例

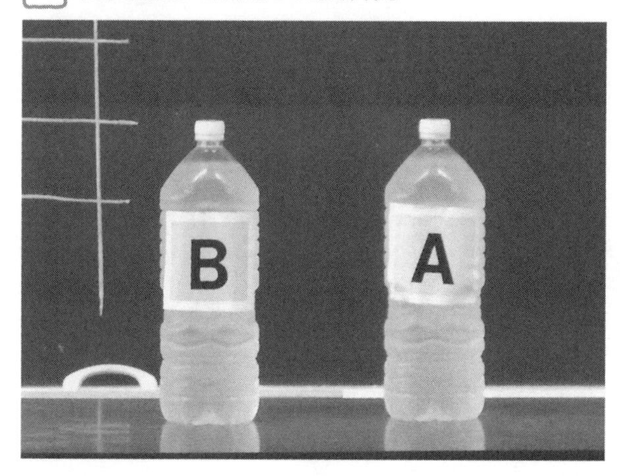

利き水体験で使用した市販の水（A）と水道水（B）

いつもご利用いただきありがとうございます。

水道・下水道使用量のお知らせ
Notice of your water consumption

様

お客様番号			下水	戸数
			宇公共	1

口 径	メータ番号	検 針 日	検 針 員	用 途
20mm				上水一

ご利用期間

	水道(Water)	下水道(Sewage)
今回の指針	2,152 m³	ー m³
前回の指針(ー)	2,045 m³	ー m³
旧メータ使用量(＋)	0 m³	ー m³
使用水量 (Consumption Amount)	107 m³	107 m³

農業集落排水：(人数×月数)

請求年月

水道料金	10,417 円	10,668 円
下水道使用料	8,413 円	8,607 円
請求予定額 (Total Charge)	18,830 円 (1,394)	19,275 円 (1,427)

振替予定日

上記予定日に振替された場合割引が適用されます。

口座割引予定額(ー)	25 円	25 円
口座振替予定額 (Total Charge)	18,805 円 (1,393)	19,250 円 (1,426)

＊ 再振替や未納のあるお客様、また下水道使用料等は割引の対象となりません。

宇都宮市の水道料金請求書

水の循環の仕組み（副読本『わたしたちの宇都宮（下）』より）

2 情報入手先

- 宇都宮市小学校社会科副読本編集委員会編　副読本『わたしたちの宇都宮（下）』
- 宇都宮市上下水道局経営企画課作製　副読本『みんなをまもる水の旅』
- 宇都宮市上下水道局経営企画課「わたしたちのくらしと水」
  （宇都宮市上下水道局ホームページ＞＞サイトメニュー＞キッズページ）

7 本時の展開（1/10時）

1 目標

利き水体験を通して，市販の水と水道水の違いに着目し，飲み比べて感じたことを表にまとめ，市販の水の値段と水道料金の違いを関連付けながら学習問題をつくることができる。

2 展開

主な学習活動（・予想される児童の反応）	□資料　○留意点
1　利き水体験で，市販の水（A）と水道の水（B）を飲み比べて感じたことを表にまとめ，どちらがおいしいか話し合う。 ・Bは消毒のにおいがする。水道の水だ。 ・Aは少し苦い。Bのほうがおいしい。 ・AもBも無色透明で，どちらもおいしい。	□市販の水，水道水 ○2種類の水の差異を意識させるようにする。 ○市販の水と水道水を利き水体験させる。「色」「におい」「味」の3つの観点から感じたことを表にまとめさせ，どちらがおいしいかを各自判断させる。
2　市販の水と水道の水の値段を比べ，どちらが安いか話し合う。 ・売っている水は2L入りのペットボトルで100円ぐらいだ。 ・水道の水は2Lで1円もかからないから，とても安い。	□宇都宮市の水道料金請求書（宇都宮市上下水道局の「水道・下水道使用量のお知らせ」） ○宇都宮市の水道料金請求書から2Lあたりの水道料金を算出し，市販の水（2L入りのペットボトル）の値段と比較させることで，水道水は安いことをおさえる。
3　1日に使う水の量と水の使われ方について話し合う。 ・人口が増えると，1日に使う水の量も増えるが，1995年からは減っている。 ・一人1日あたり約320Lの水が使われる。 ・洗濯，風呂，台所で多く使う。	□グラフ「市で1日に使う水の量と人口の移り変わり」 □図「家庭での水道の水の使われ方」 ○時間の経過を問う視点から問いを設定する。 ○水の使用量が減っている理由も考えさせる。 ○水の使われ方の内訳は，割合も示すとよい。 ○出前講座を活用することも考えられる。
4　話し合ったことから，学習問題をつくる。	○水道水は安くておいしいというところをおさえながら，学習問題をつくる。
安くておいしい水道の水は，どこからどのようにして家庭や学校に送られてくるのだろう。	
5　本時を振り返り，次時の予告を聞く。	○利き水体験や水の使用量の変化について分かったことや考えたことを中心に書かせる。

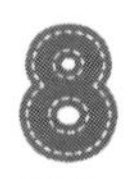

子どもの学びの様子

1　第1時の学習活動と児童の学習感想から

第1時では，利き水体験をした。市販の水と水道水を飲み比べて，色，におい，味の3点から感じたことを話し合い，どちらがおいしいかを判断するようにした。その結果，市販の水のほうがおいしいと答えた児童が半数を超えたが，教師のほうから，市販の水のレシートと水道料金の請求書を提示し，どちらが安いか比べさせたところ，水道料金のほうが圧倒的に安いことが分かり，ほとんどの児童から驚きの声があがった。児童からは，「水道料金はとても安くて不思議」「どちらの水もおいしいのに，どうして水道の水は安いの？」といった感想が出され，学習問題づくりにつなげることができた。

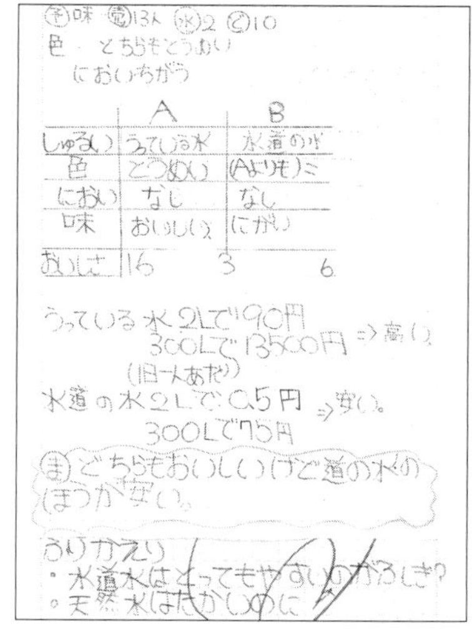

利き水体験をまとめたノート

2　第5時の学習活動と児童の学習感想から

第5時では，水道水の水源について，「水源」を水道水のもとになるものと定義付けしたうえで，副読本の資料を用いて調べ，図にまとめた。調べ学習を通して，水道水は山に降った雨や雪が大もとであり，これが川や地下水となり，水源になることが分かった。また，山に広がる森林がこれらの水を貯え，少しずつ川に流す「緑のダム」の働きをすることや，水道水を安定供給するために，川の上流には水量を調節するダムが造られていることも分かった。

本時のまとめを行う際には，「だから」や「つまり」といったつなぎ言葉を使って，学習したことを総合してとらえさせた。その結果，児童からは，「だから，森林を守り育てることが大切だ」「つまり，自然を守ることは飲み水を守ることになる」といった発言が出てきて，自然の大切さを再認識することができた。

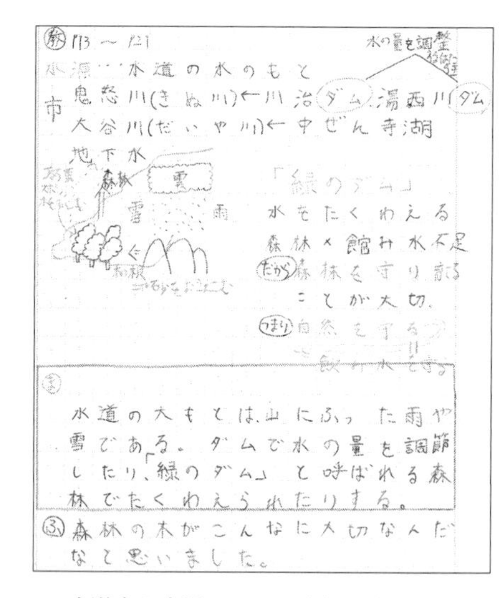

水道水の水源についてまとめたノート

9 実践のまとめ

1 子どもの姿から

「つかむ」段階でかいた「水の旅マップ（予想図）」と，「まとめ」の段階でかいた「水の旅マップ（完成図）」を比べてみる。予想の段階とまとめの段階では，かかれている内容が増えており，質も高まっている。このように，資料の読み取りや見学などを通して，位置や空間的な広がり，時期や時間の経過などを意識させながら追究させたことにより，「水道の水は繰り返し循環してつくられている」「水を汚さないで大切にしていきたい」と，飲料水を供給する事業に対する理解をより深め，適切な選択・判断をすることができたと考える。

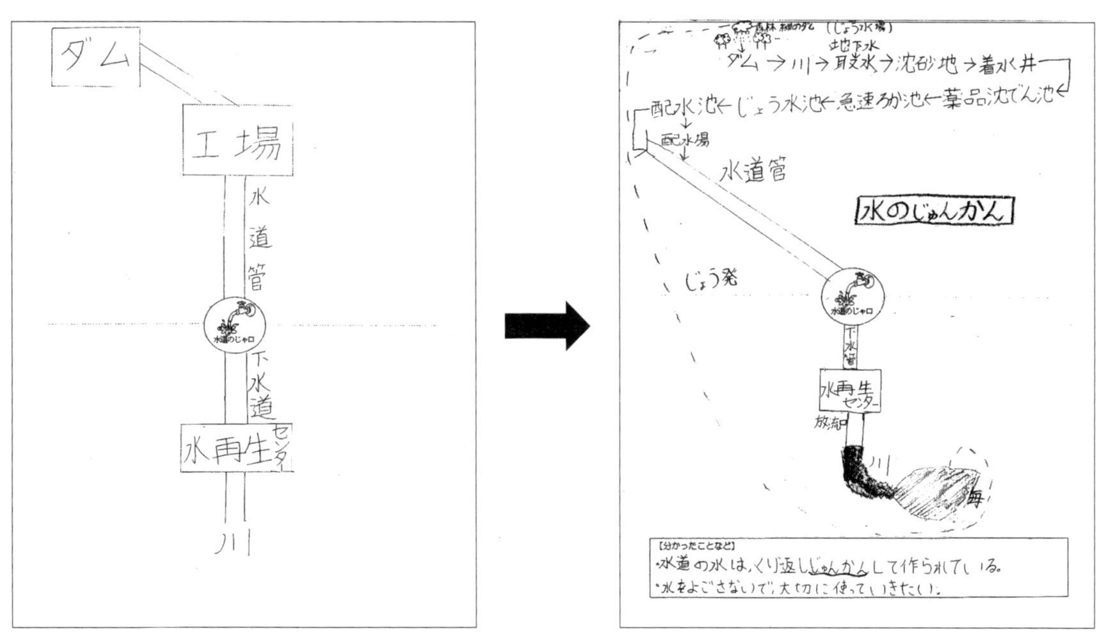

「水の旅マップ」の予想図（左）と完成図（右）から見て取れる児童の変容

2 考察

この実践を通して，確かな事実認識をもち，社会的事象の意味をとらえ，適切な選択・判断を行うには，社会科における見方・考え方を働かせて調べさせたり考えさせたりすることが重要であることを実感することができた。その際，教師が問いを意識しながら追究する事項を整理し，問題解決的な単元展開を組んでいくことで，主体的・対話的で深い学びの実現に向けての一助になるのではないかと考える。

（野中　智則）

様々な発電の特徴をとらえ，電力構成のバランスを考える事例

1 単元の目標

電気を供給する事業について，供給の仕組みや経路，人々の工夫や努力などに着目して見学・調査したり地図などの資料で調べたりして，電気を供給する事業の役割を考え，表現することを通して，電気を供給する事業は，安全で安定的に供給できるよう進められていることや，地域の人々の健康な生活の維持と向上に役立っていることを理解できるようにするとともに，学習問題を主体的に追究・解決し，北海道民として持続可能な社会づくりを考えようとする態度を養う。

2 評価規準

知識・技能	思考・判断・表現	主体的に学習に取り組む態度
①供給の仕組みや経路，人々の工夫や努力などについて，見学・調査したり地図などの資料で調べたりして，必要な情報を集めて読み取り，電気を供給する事業の様子を理解している。 ②調べたことを作品（すごろく）や文などにまとめて，電気を供給する事業は，安全で安定的に供給できるよう進められていることや，地域の人々の健康な生活の維持と向上に役立っていることを理解している。	①供給の仕組みや経路，人々の工夫や努力などに着目して問いを見いだし，電気を供給する事業について考え，表現している。 ②人々の生活と関連付けて電気を供給する事業が果たす役割を考えたり，発電方法と持続可能な社会づくりを関連付けて選択・判断したりして，適切に表現している。	①電気を供給する事業について，予想や学習計画を立てて学習問題を主体的に追究・解決しようとしている。 ②学習したことをもとにして，北海道民として持続可能な社会づくりを考えようとしている。

 単元の内容について

私たちの生活に欠かせない電気を安全で安定的に供給するために，関係機関が相互に連携したり，道内外の人々と協力したりしていることをとらえられるように単元を展開する。本時では電源構成の「バランス」を取り上げる。私たちがいつでも，必要なだけ電気を使えるようにするために，2017年には約82%を火力発電に頼っている。しかし，持続可能な社会を目指すためには，再生可能エネルギーの比率を高める必要がある。そこで，単元の最後に，電力小売全面自由化による新電力を取り上げ，「どこの電気を選ぶか」という選択・判断する場を設定する。自分と社会とのつながりを感じることで，社会参画の意識を育むことを目指す。

 単元展開例

	○主な問い，学習活動・内容 ☆見方・考え方	□資料　◆指導の手立て 【　】評価の観点
つかむ	問い **生活の中でどのように電気が使われているのだろう。**（２時間） ○電気使用量が増え続けている理由について考える。	□グラフ「北海道の電気使用量の変化」 □グラフ「自校の月別電気使用量」 ◆もし電気が使えなくなったらどうなるかについて考えることで，電気が生活に欠かせないものであることについて考える。
	学習問題 **生活に欠かせない電気は，どのようにつくられ，どのようにしてわたしたちのところへ届くのだろう。**	
	☆電気の供給の仕組みや経路に着目する。 ○学習問題に対する予想をもとに，学習計画を立てる。 ・電気はどうやってつくるのか？ ・電気が届くまでの経路は？ ・誰がどのような工夫を？	◆電気をつくるところを「スタート」，電気を使うところを「ゴール」とする「すごろく」を作ろうと投げかけ，どのような仕組みや経路で電気が届くのかを考える。 ◆「電気はどのようにつくられるのか」「電気はどのようにしてわたしたちのところへ届くのか」の２つの学習問題に集約する。 【思①】【態①】
調べる	問い **電気は，どのようにつくられているのだろう。**（２時間） ☆様々な発電方法の長所と短所に着目して，どの発電方法にもよさがあり，課題もあることをとらえる。 ○発電所の仕組みや働きを調べる。 ○様々な発電方法の長所と短所について考える。	□様々な発電方法についてまとめた資料 ◆化石燃料や自然エネルギーなどを使った様々な発電方法があることを資料からとらえられるようにする。 【知①】
	問い **電気は，どのようにしてわたしたちのところへ届くのだろう。**（２時間） ☆電気を供給する仕組みや経路に着目する。	□電気が届くまで（電力会社のホームページ） ◆「24時間，365日，北海道の電気を守り続ける」という言葉から，安全で安定的に電気を供給する

	○電気の供給経路を調べる。 ○電気を届けるために働いている人たちの工夫や努力を調べる。	ために働いている人の工夫や努力に目を向ける。 【知①】
	 **電力会社は，「バランスよく」と言っているのに，なぜ，火力発電でほとんどの電気をつくっているのだろう。**　（1時間） ☆電源構成の時期による違いに着目して，持続可能な社会について考える。 ○現在や未来の電源構成について，それぞれの発電方法の長所・短所と結び付けて考える。	□グラフ「電源構成の比率（2017年）」 ◆「電源構成をバランスよく」という電力会社の言葉と「火力発電が82%」という2017年の電源構成とのずれから問題意識を生む。 ◆2030年の電源構成を示し，未来に目を向ける。 【知①】【思①】
	 **「電力小売全面自由化」とは，どのような仕組みだろう。**　（2時間） ☆時期や時間の経過に着目して，発電方法と持続可能な社会を関連付けて考える。 ○新電力のよさについて調べる。 ○各電力会社の電気プランを比較し，どのプランにするか選択・判断する。	□「電力小売全面自由化」に関わる資料 □資料「新電力の発電方法」 ◆「火力発電中心につくられた安価な電気」と「再生可能エネルギー中心につくられた高価な電気」のどちらを選ぶか選択・判断する場をつくる。 【知①】【思②】
まとめる	 **生活に欠かせない電気は，どのようにつくられ，どのようにしてわたしたちのところへ届くのだろう。**　（1時間） ○学習問題に対する自分の考えをまとめ，すごろくを作る。	◆単元の学習を振り返り，調べ考えてきたことをすごろくに表現できるようにする。 ◆電気の供給と持続可能な社会づくりとの関係について，自分の考えをまとめるよう促す。 【知②】【態②】

5 指導上の工夫

1 主体的・対話的な学びの工夫

① 電気が生活に欠かせないことを実感できるようにする

単元の導入で,「なぜ電気使用量が増えているのか」「もし電気が使えなかったらどうなるか」について考える場を設定する。

身の回りには電気を使うものが多いことから,電気が使えなくなると日常生活が成り立たなくなること,そして,暖房にも電気が必要であることから,冬期間に暖房が必要不可欠な北海道民にとっては,電気が使えないことは命を危険にさらすことなどを資料からとらえられるようにする。

② すごろくに表す活動から単元の学習問題を設定し,子どもの予想をもとに学習計画を立てる

ふだん使っている電気が,どのようにして家庭まで届いているかについてあらためて考える機会はほとんどない。そこで,「電気が家に届くまで」というすごろくに表す活動を取り入れる。そうすることで,発電所から家庭まで電気が届く仕組みや経路に目を向け,「電気はどのようにつくられ,届くのか」という,単元の学習問題を設定することができる。また,子どもの予想をもとに,「どこでどのようにつくられるのか」「どうやって届けられるのか」など,単元の学習計画を立てることで,子どもが主体的に学べるようにする。

2 「見方・考え方」を働かせた深い学びの実現

① 現在と未来の電源構成を比較して,持続可能な発電について考える

現在の電源構成と2030年の電源構成の目標を比較し,時期や時間の経過に着目した見方・考え方を働かせる場を設定する。そして,安全で安定的に電気を供給するために,現在は火力発電を主としているが,将来的には,環境問題に配慮しながらも必要な電気を確保するために,再生可能エネルギーと原子力発電の比率を高めていくことを目指していることをとらえられるようにする。

② 様々な電力会社の電力プランを比較検討し,選択・判断する

2016年の電力小売全面自由化を取り上げ,新電力のよさを考えるとともに,「火力発電中心につくられた安価な電気」と「再生可能エネルギー中心につくられた高価な電気」のどちらを選ぶか選択・判断する学習を展開し,自分たちの選択・判断が未来につながっていることを実感し,社会参画の芽を育む。

6 資料等

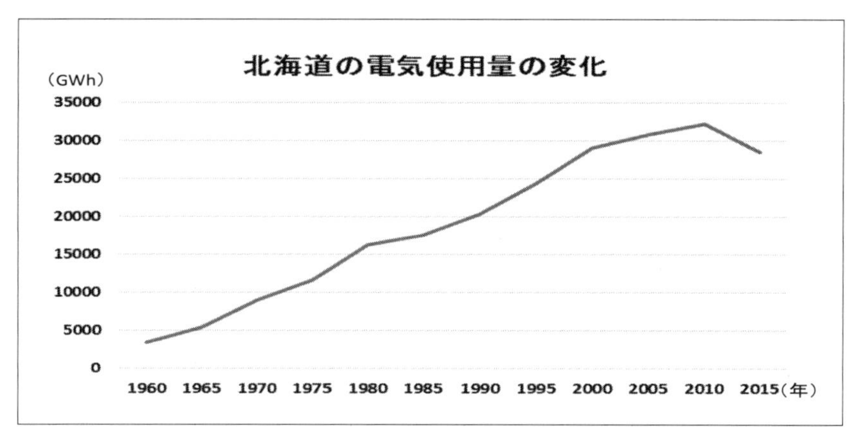

北海道の電気使用量の変化（北海道電力の提供資料より作成）

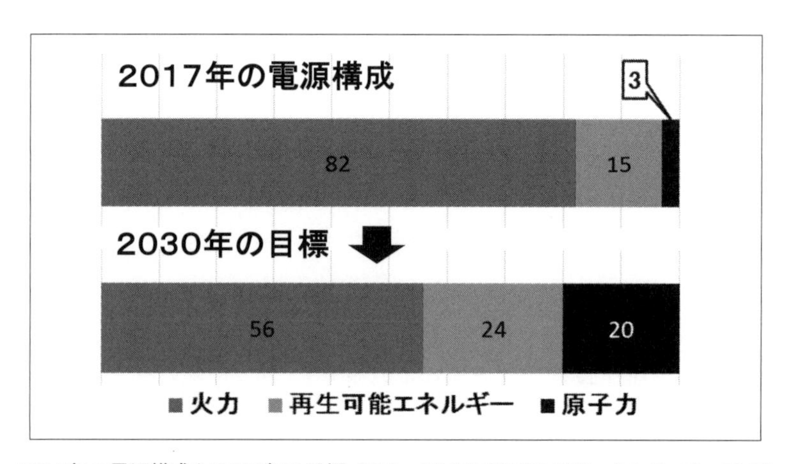

2017年の電源構成と2030年の目標（出典：「電力調査統計」資源エネルギー庁，2017）

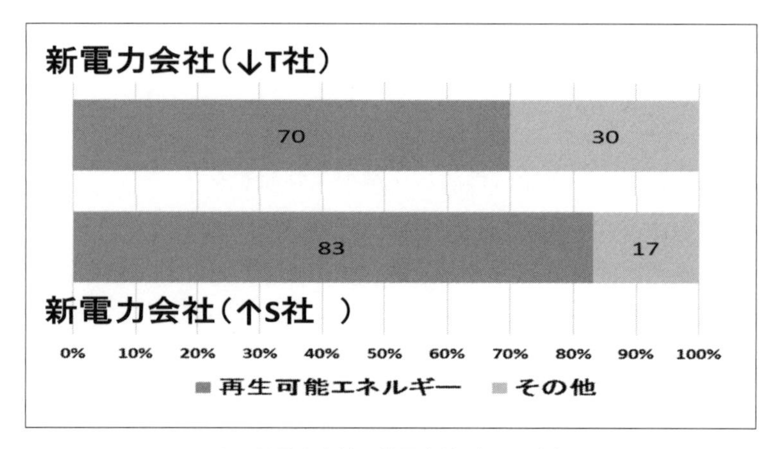

ある新電力会社の発電方法（2017年）

7 本時の展開（7/10時）

1 目標

自分たちの生活とそれぞれの発電方法の長所や短所を結び付けることで，電源構成のバランスや未来の発電から持続可能な社会について考えることができるようにする。

2 展開

主な学習活動（・予想される児童の反応）	□資料　○留意点
1　**電力会社の人の話「様々な方法でバランスよく電気をつくっています」という言葉の意味について考える。** ・様々な発電方法で同じくらいの電気をつくっているのではないか。 ・再生可能エネルギーが多いのでは。	□電力会社の人の話 □グラフ「電源構成比率（2017年）」 ○「バランスのよい電源構成」の「バランス」を予想させ，実際の電源構成を示すことで，問いを引き出す。
電力会社は，「バランスよく」と言っているのに，なぜ，火力発電でほとんどの電気をつくっているのだろう。	
2　**火力発電のよさを考える。** **〈いつでも電気をつくることができる〉** ・24時間営業のお店がある。 ・風力，太陽光発電は安定していない。 **〈たくさん電気をつくることができる〉** ・身の回りには電気が必要なものが多い。 ・原子力発電は安全面に不安がある。	○子どもの考えを「いつでも」「たくさん」という2つの視点で分類し，それによって便利で快適な生活が支えられていることをとらえられるようにする。 ○既習の「様々な発電方法の長所と短所」を使って考えるように促す。
3　**2030年の電源構成の目標から，持続可能な発電について考える。** ・地球環境のことを考えているのではないか。 ・電力会社だけでなく，わたしたちも電気の使い方を考えなくてはいけない。	□グラフ「2030年の電源構成の目標」 ○再生可能エネルギーと原子力発電の比率が高くなっている理由を考えることで，電気を安全で安定的に供給することと環境問題への配慮を目指していることに気づけるようにする。
4　**学習を振り返る。** ・現在は火力発電が主だが，将来的には再生可能エネルギーと原子力発電の比率が高まる。	

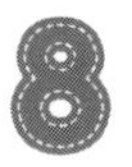

子どもの学びの様子

1 第7時（本時）の学習活動と児童の学習感想から

第７時では，現在の電源構成の主力が火力発電であることの理由について考えるとともに，2030年の電源構成の目標を示し，そのねらいについて探る学習を展開した。

その結果，私たちの便利で快適な生活を支えるために現在は火力発電を主にしているが，将来的には技術力の向上などで，環境に優しい発電方法の広がりを期待する姿が見られた。

火力発電は，再生可能エネルギーや原子力発電よりも自由に発電できるので，火力発電の方がましだということがわかりました。2030年に再生可能エネルギーと原子力発電の割合がアップしていることについて，新しい技術が発展して，環境によく，地球にもよい電力会社になるのかもしれないという意見が多かったです。未来の電力会社を見てみたいなと思いました。

原子力発電は事故が起きたら大変な被害が出るし，再生可能エネルギーは天候に左右されやすい。火力発電が多いのは，環境にはあまりよくないけれど，今はこれでとりあえず満足しているということだ。

2 第8・9時の学習活動と児童の学習感想から

第８・９時では，2016年の電力小売全面自由化を取り上げ，新電力のよさを考えるとともに，「火力発電中心につくられた安価な電気」と「再生可能エネルギー中心につくられた高価な電気」のどちらを選ぶか選択・判断する学習を展開した。

授業では，再生可能エネルギーのプランを選択する児童が多くを占めた。現在は高価でも多くの人が選択すれば価格が下がるし技術力も高まるはず，というのが主な理由である。子ども自らが選択・判断する場を設定することで，持続可能な社会を目指して自分はどうすべきか真剣に考える子どもの姿が見られ，社会参画への意識の高まりを感じた。

安い電気プランにすると火力発電が多いから地球にはよくないし，再生可能エネルギーのプランだと地球によいけれど値段が高い。どっちにも長所と短所があるけど，わたしは地球によい再生可能エネルギーにしたい。

後のことを考えてみると，再生可能エネルギーのプランの方がよいと思う。今は高くても，買う人が多くなれば再生可能エネルギーの方も今よりは安くなるし，技術力も上がるので，わたしだったら再生可能エネルギーの方を選ぶ。

9 実践のまとめ

1 子どもの姿から

単元の学習を展開する中で，単元のねらいに迫る以下のような子どもの姿が見られた。

- 「発電所から送られる電気はとても強いので，変電所で少しずつ小さくして電気を送っていると分かりびっくりした」と，電気を供給するための事業の様子をとらえる子ども。
- 「万一，電気がなくなったり，発電所が壊れたりしたときのために深く考えていると分かり安心だ」と，電気の供給に携わっている人たちの工夫や努力をとらえている子ども。
- 「水力発電は電気をつくりやすくて環境に負担がかからない発電なのでいい方法だと思った。原子力発電は，事故が起きたら命や地球環境に関わることが多いから，失敗してはいけない発電方法だと気づいた」と，それぞれの発電方法の長所と短所をとらえる子ども。

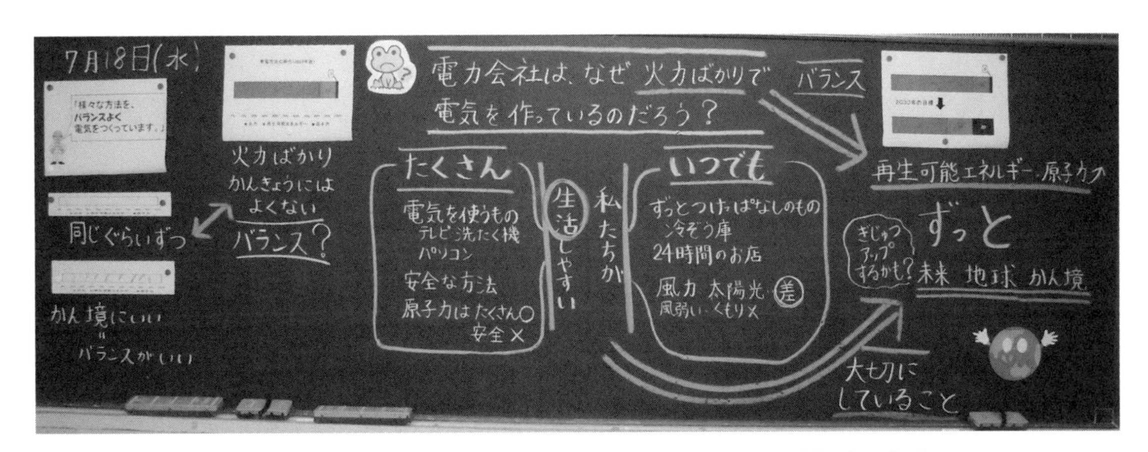

安全で安定的に電気を供給する発電方法について考える学習（本時）の板書

2 考察

本単元を通して子どもは，生活を支える電気が安全で安定的に供給されていることを理解するとともに，環境問題に配慮しつつ必要な電力を確保するための発電方法について考えた。また，自分と社会とのつながりを感じることで社会参画意識の高まりが見られた。

それは，子どもが社会的事象の見方・考え方を働かせることができるように，教材化や資料提示，学習活動を工夫したことによるものだと考える。具体的には次の場面である。①電気が必要不可欠だと実感させる単元の導入②電気を供給する人々の営みへの焦点化③様々な発電方法の長所と短所の比較④自ら選択・判断する場の設定などである。

このように，子どもが社会的事象の見方・考え方を働かせることで，社会的事象の本質に迫る深い学びにつながることが明らかになった。

（渡辺奈央子・河嶋　一貴）

4 量やその変化に着目してごみ処理の現状をとらえ，社会への関わり方を考える事例

1 単元の目標

ごみを処理する事業について，処理の仕組みや再利用，県内外の人々の協力などに着目して，事業の様子を調べ，その事業が果たす役割を考え表現することを通して，衛生的な処理や資源の有効利用ができるように進められていることや，生活環境の維持と向上に役立っていることを理解できるようにするとともに，主体的に学習の問題を解決し，学習したことをもとに，ごみの減量など自分たちに協力できることを考えようとする態度を養う。

2 評価規準

知識・技能	思考・判断・表現	主体的に学習に取り組む態度
①ごみの処理の仕組みや再利用，県内外の人々の協力などについて，調査活動や資料活用を通して必要な情報を集めて読み取り，ごみを処理する事業の様子を理解している。 ②調べたことを図や文などに整理してまとめ，ごみを処理する事業が，衛生的な処理や資源の有効利用を進めていることや，生活環境の維持と向上に役立っていることを理解している。	①ごみの処理の仕組みや再利用，県内外の人々の協力などに着目して問いを見いだし，ごみ処理のための事業の様子について考え，表現している。 ②ごみ処理の仕組みや再利用，県内外の人々の協力などと自分たちの生活を関連付けて，ごみを処理する事業が果たす役割を考え，適切に表現している。	①ごみを処理する事業について，予想や学習計画を立てて主体的に学習問題を追究・解決しようとしている。 ②学習したことをもとに，ごみの減量など自分に協力できることを考え，生活に生かそうとしている。

3 単元の内容について

児童の生活にとって身近な内容であり，問いや学習問題を立て，見通しをもちながら主体的に問題解決できる単元である。ごみの減量について自分たちにできることを考えたり，選択・判断したりする学習を設定することで思考力・判断力・表現力はもとより，学びに向かう力，人間性を養うことができる単元と言える。社会生活に欠かせない法やきまりを扱うことに留意し，それらを理解したうえで，自分たちにできることを考えられるようにする。

4 単元展開例

	○主な問い，学習活動・内容 ☆見方・考え方	□資料　◆指導の手立て 【　】評価の観点
つかむ	**問い　わたしたちが毎日出すごみはどのように処理されているのだろう。**　（１時間） ☆時間の経過に着目し，ごみ収集前と後の集積所の写真を比較する。 ○マンションにある「ごみ集積所」内の収集前のごみの量と収集後の量の違いから，ごみ処理に着目し，疑問を出し合う。	□写真「マンションにあるごみ集積所内のごみの量」（収集前） □写真「マンションにあるごみ集積所内のごみの量」（収集後） ◆収集されていないごみに着目させることで，ごみの種類や収集方法等についての疑問が生まれるようにする。
	学習問題　ごみは，どのように処理され，わたしたちの生活の向上に役立っているのだろう。	
	•県（市）では，どのくらいの量のごみが出ているのだろう。 •誰がごみを持っていったのだろう。 •いつ，ごみを持っていったのだろう。 •ごみには，どんな種類があるのだろう。 •ごみは，どこへ運ばれるのだろう。 •運ばれたごみはどうなるのだろう。	□資料「学校から出るごみの量（１日あたり）」 ◆「学校から出るごみの量」の資料を通して，家庭や会社などから出るごみに関心をもち，県（市）全体のごみの量や処理にも目を向け，さらに疑問が生まれるようにする。 ◆疑問に共通点がないか，話し合いながら整理することで疑問を焦点化して問いとして設定し，学習計画を立てるようにする。 【思①】【態①】
調べる	**問い　わたしたちの県（市）では，どのくらいの量のごみが出ているのだろう。**　（１時間） ☆ごみの種類に着目する。 ○グラフからごみの量と内訳を調べる。 •家庭や会社から出る大量のごみ •ふつうごみ •資源ごみ •容器包装プラスチック •古紙，衣類 •粗大ごみ	□グラフ「県（市）のごみの量」 □実物「ごみ（びんや缶，プラスチックなど）」（もしくはパワーポイントなど） ◆ランドセル１つが１kg の重さであることを説明することで，ごみの量（重さ）がどれくらいになるのか実感的にとらえられるようにする。 ◆実物を用意し，グループになって話し合いながら，ごみを種類ごとに分ける活動を通して，分別収集に興味・関心をもつことができるようにする。 【知①】

	 **誰が，いつどんなごみを集めているのだろう。** （1時間） ○ごみの収集の仕方について調べる。 ○分別され，定期的・計画的に収集している理由を考える。	□写真「ごみ収集車」「ごみ集積所」 □資料「ごみの収集の仕方」 ◆資源ごみが再利用されたり，新たな製品として生まれ変わったりすることで，ごみの量の減少につながっていることを理解できるようにする。 【知①】
	 **ごみは，どこへ運ばれるのだろう。** （1時間） ☆工場の位置について「なぜこの場所（海沿いや川沿い）にあるのか」などの問いを通して地理的位置をとらえる。 ○焼却工場見学の観点について考える。 ・施設・設備 ・処理の仕方や工夫 ・働いている人の様子	□写真「ごみ焼却工場」 □地図「焼却工場の位置」 ◆知りたいこと，調べたいことを話し合い，「施設・設備」「処理の仕方や工夫」「働いている人の様子」などの見学の観点をもつ。 【知①】
	 **ごみは，どのように処理されるのだろう。** （2時間） ☆働く人たちの工夫や，事象や人々の相互関係に着目する。 （焼却工場の見学） ○施設・設備，処理の仕方や工夫，働いている人の様子を調べる。 ○ごみを燃やす理由について考える。 ○働く人の思いや願いを考える。	◆前時での観点をもって見学することで，問いの解決につながるようにする。 ◆ごみの「かさ」が減ること，衛生的に処理できることなど，ごみを燃やす理由について考えるようにする。 【知①】
	問い **燃やした後の灰はどのように処理されるのだろう。**（1時間） ○燃やした後の灰を埋め立てる方法を調べる。	□資料「埋め立て地の位置」 □写真「埋め立てる様子」 ◆処理について予想することで，埋め立てる方法を意欲的に調べられるようにする。 ◆地図帳で海岸線をたどることで，埋め立て地が人工的な島であることをおさえる。 【知①】
	 **なぜ，ごみの量が減ってきたのだろう。** （1時間） ☆ごみの出し方の変化に着目する。 ○ごみを減らす取組を調べる。	◆県（市）・市民・企業の取組という観点で調べる。 ◆ごみの出し方が変わってきたことを時系列で整理して板書する。
まとめる	 **ごみは，どのように処理され，わたしたちの生活の向上に役立っているのだろう。** （1時間）	◆今までの学習を振り返り，学習問題の解決を図る。 【知②】【思②】
いかす	 **ごみを減らすために，自分にできることは何だろう。**（1時間）	◆自分たちにできることを考え，俳句やポスターなど多様な方法で表現できるようにする。 【態②】

5 指導上の工夫

1 主体的・対話的な学びの工夫

○主体的・対話的な学びを生み出す指導計画

「主体的な学び」を生み出すためには，子どもたち自身が問いをもつこと，単元を見通して学習していくこと，「問い」や予想をもって社会的事象を調べ，意味や影響などを考えること，学習したことを振り返ることが重要である。また，問いは，問題の解決に向けて話し合う状況をつくり出し，対話を生み出すものとなる。そこで，問いの種類と深まり，問いに基づいた対話（活動）を意識した指導計画をつくり，本単元の学習を進めた。

学習活動の内容	問いの種類（問いの例）	1時間の問題解決の活動例
学習意欲の形成 **（学習問題と問いをつくる）** 社会の問題について知り，追究や解決の計画を立てる	**・単元を見通すための問い** **【学習問題】** （ごみは，どのように処理され，わたしたちの生活に役立っているのだろう）	○社会的事象と出合う ○出てきた疑問について話し合う☆ ○学習問題と問いを考える☆ ○学習計画を立てる
社会的事象の理解 **（問いの解決）** 社会の問題の実態とそれを取り巻く状況について調べ，調べたことをもとに，社会的事象の意味を考えたり，因果関係を考えたりする	**・情報を求める問い** （誰が，いつごみを集めているのだろう） **・意味を求める問い** （何のためにごみは処理されるのだろう） **・関係を求める問い** （なぜ，ごみの量が減ってきたのだろう）	○問いをつかむ→予想→見通す☆ ○社会的事象をくわしく調べる ○社会的事象の意味や特色，相互の関連などを考える☆ ○考えたことをまとめて，問いを解決する
価値判断・意思決定 **（学習問題の解決）** 解決に向けて判断をし，社会と関わろうとする意識をもつ	**・価値判断や意思決定を求める問い** （ごみを減らすために，自分にできることは何だろう）	○**【学習問題】**に対する考えを書く ○判断する根拠をもつ ○社会への関わり方を判断する☆ ○行動化・意識化に向かう

☆…対話する場面

2 「見方・考え方」を働かせた深い学びの実現

○見方・考え方に基づく問いの設定

「ごみは，どのように処理されるのだろう」の問いのように，本単元は工夫や協力など，人々の相互関係という視点で学習を進めることが多い。そこで，ごみを出すきまりが変化してきた学習を取り入れることで，時期や時間の経過に着目して社会的事象をとらえたり，地図を使って埋め立て地が海沿いにあることを気づかせることで位置や空間的な広がりに着目して比較したりするなど，様々な見方・考え方を働かせることで深い学びが生まれるように，指導計画に追究の視点や方法に基づく問いや教材，資料を位置付け学習を進めた。

6 資料等

1 つかむ段階で活用した資料例

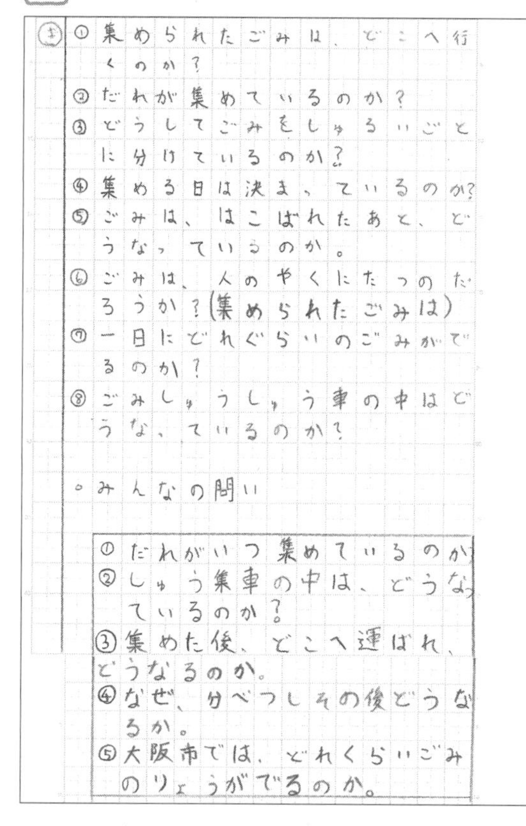

① 集められたごみは、どこへ行くのか？
② だれが集めているのか？
③ どうしてごみをしゅるいごとに分けているのか？
④ 集める日は決まっているのか？
⑤ ごみは、はこばれたあと、どうなっているのか。
⑥ ごみは、人のやくにたつのだろうか？（集められたごみは）
⑦ 一日にどれぐらいのごみがでるのか？
⑧ ごみしゅうしゅう車の中はどうなっているのか？

○みんなの問い

① だれがいつ集めているのか
② しゅう集車の中は、どうなっているのか？
③ 集めた後、どこへ運ばれ、どうなるのか。
④ なぜ、分べつしその後どうなるか。
⑤ 大阪市では、どれくらいごみのりょうがでるのか。

子どもが書いた疑問と話し合いを通して整理した問い

4年い組の学習問題「ごみの学習」

①ごみは、だれがいつ集めているのだろう？
ごみしゅう集車（パッカー車）が集めている。
ふつうごみは週に二回資源・容器・古紙衣類は週に一回集めている。

②大阪市では、どれぐらいのごみが出るのだろう？（量・重さ）
1年間で約100万t。
ランドセル(1kg)が10億個分

③収集車の中は、どうなっているのだろう？
ごみをおしつぶして小さくする仕組み。
ごみぶくろが約200個入る。

④集めたごみは、どこへ運ばれどうなるのだろう？
（もやして灰にする）

⑤なぜ、分別しているのか？その後どうなるのか？
5種類に分別している。
資源・容器・古紙衣類はリサイクルしてさい利用している。

【学習計画】問いと問いに対する考え（ノート）

2 調べる段階で活用した資料例

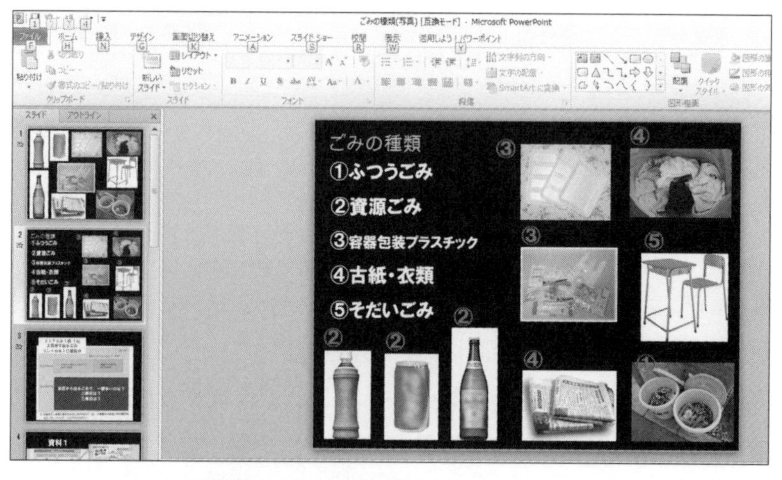

ごみを種類分けする活動時に提示したパワーポイント

7 本時の展開（1/10時）

1 目標

収集前と収集後のごみの量に着目して比べることを通して，ごみの行方や処理，種類に関心や疑問をもち，それらをもとに学習問題と問いを設定することで学習の見通しを立てることができるようにする。

2 展開

主な学習活動（・予想される児童の反応）	□資料　○留意点
1　収集前のごみの量の写真を見て気づいたことを話し合う。 ・たくさんごみがあるな。 ・缶やびんはごみ袋が積んである場所とは違うところに置いているね。 **2　収集後のごみの量の写真を見て気づいたことを話し合う。** ・たくさんあったごみ袋が全然ないよ。 ・どこに行ったんだろう。 ・ごみを収集する車を見かけたことがあるよ。それが運んだんじゃないかな。 ・缶やびんは，まだ残っているね。 **3　疑問に思ったことをノートに書く。**	□写真「マンションにあるごみ集積所内のごみの量」（収集前と収集後） ○収集前の集積所の写真と収集後の写真を並列に提示することで，一目でごみの量の違いに気づいたり，児童が驚きや意外性を感じることで「なぜ」「どのように」などの疑問をもったりすることができるようにする。 ○収集されていないごみ（缶やびん）に着目させることで，ごみの種類や収集日，収集方法についても関心を向けることができるようにする。 ○写真や資料は大型モニターなどICTを活用して提示し，アップにして映すことで，様子や数値を細かく調べ，児童がより多くの疑問をもつことができるようにする。
4　疑問を話し合いながら整理して問いをつくる。 ・誰がごみを持っていったのだろう。 ・いつ，ごみを持っていったのだろう。 ・ごみには，どんな種類があるのだろう。 ・ごみは，どこへ運ばれるのだろう。 ・運ばれたごみはどうなるのだろう。 ・県（市）では，どのくらいの量のごみが出ているのだろう。 **5　学習問題をつくり，学習の見通しをもつ。**	□資料「学校から出るごみの量（1日あたり）」 ○「学校から出るごみの量」の資料を提示し，家庭から出るごみだけでなく，学校や会社等から出るごみについて関心をもち，県（市）全体のごみの量や処理にも目を向け，さらに疑問が生まれるように働きかける。 ○疑問に共通点がないか話し合いながら整理することで，疑問を焦点化して問いとして設定する。 ○問いにある「誰が」「どこへ」「どうやって」などのキーワードから，学習全体の大きな問いを考え，学習問題を設定する。

ごみは，どのように処理され，わたしたちの生活の向上に役立っているのだろう。

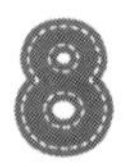

子どもの学びの様子

1 第1時の学習活動と児童の学習感想から

○問いを引き出す資料

導入で，収集前の集積所内のごみと，収集後の集積所内のごみの写真を資料として提示した。児童から「誰が集めて運んだのだろう」「どこへ持っていったのだろう」「ごみ収集車じゃないかな」など，収集に着目した疑問，「缶やびんだけ残っているよ。別の日に集められるのかな」「分別してリサイクルできるって聞いたことがあるよ」など，資源の有効利用に着目した疑問，「運んでもごみのままだと，置く場所がなくなるし，きたないよ」「おばあちゃんが，外でごみを燃やしているのを見たことがあるから，ごみは燃やして処理しているんじゃないかな」など，処理に着目した疑問が出てきた。グループになり，出てきた様々な疑問の共通点を見つけながら整理する活動を進めた。次に，学級全体で対話することで疑問を整理して焦点化し，学級の「問い」として設定した。最後に，学習していく順について考え話し合うことで，児童とともに学習計画を立てることができた。学習ノートの記述には「早く学習して，たくさんの問いの答えを知りたいです」「お母さんが，ペットボトルや缶，プラスチックなどを分けているので，その意味を知りたいです」「ごみ収集車が，どのごみをいつ集めているのか知りたいです」など，自分たちの生活経験とごみの学習を関連付けたものが多く見られた。

2 第5・6時の学習活動と児童の学習感想から

○焼却工場の見学と問いの解決

前時の学習で，焼却工場で知りたいことや調べたいことを書き，グループや学級全体で対話しながら整理し，見学の観点を設定した。ここでは「施設・設備」「処理の仕方や工夫」「働いている人の様子」の３つを問い（視点）としてもち，見学することにした。

見学シートには，「大量のごみをクレーンではさんで炉に入れ，800℃以上の高温で燃やすのがすごかった」「燃やすときに出るガスをきれいにしてから外に出すなんて環境のことを考えた工場だと思いました」など，施設・設備，処理の仕方についての問いを解決する記述や，「燃やした熱で発電しているってなるほどと思いました。余った電気を電力会社に売るなんてかしこいと思いました」など，工夫についての問いを解決する記述も見られた。見学後の記述では「燃やした後の灰は埋め立て地へ運ぶって教えていただいたけど，どこにあるんだろう。どうやって埋め立てるんだろう」など，問いと解決によって学習が深まっていくにつれて，新たな問いが生まれるようになった。新たな問いを教室に掲示している学習計画に書き入れ，その後の学習を進めた。

実践のまとめ

1 子どもの姿から

○問いをもって学習することで主体的・対話的で深い学びが見られた

単元の導入で様々な問いが生まれ，児童とともに学習計画を立てることにより，教師による「今日は○○を勉強します」という学習ではなく，児童自身が「今日は○○を学ぶのだ」と単元を見通して学ぶ姿が見られた。また，「問い」や予想をもって社会的事象を調べ，意味や影響などを考えたり，学んだことを振り返ったりすることで，単元終末には学んできたことを根拠にして，「ごみを減らすために自分にできること」を考えるという価値判断・意思決定する力が育っていった。さらに，考えや疑問をグループや学級全体で交流したり整理したりするなど，学習の様々な場面において対話する姿も見られた。対話するためには「問い」をもつことが重要であり，「問い」によって話し合い，問題を解決しようとする状況が生まれる。そう考えると，単元の導入において，子どもたちが「問い」をつくったこと，「問い」をもって一つ一つの学習を解決していったこと，学びの積み重ねによって「学習問題」を解決したことが主体的・対話的で深い学びを生み出したと言える。

2 考察

○教材化の視点と社会的事象の見方・考え方に基づく問いの設定

ごみを処理する事業の学習では「衛生的な処理や資源の有効利用ができるように進められていること」「生活環境の維持と向上に役立っていること」を理解事項（内容）とし，そのための教材化の視点を「処理の仕組み」「再利用」「県内外の人々の協力」とした。単元の導入では，それらの要素がより多く含まれた資料を提示したことで「集めた後，どこへ運ばれどうなるのか」「分別しているのはなぜか」など，視点である「処理」や「再利用」につながる問いを設定することができた。しかし，導入だけでは，視点である「衛生的な処理」や「資源の有効利用」「県内外の人々の協力」などの問いは網羅できなかった。そこで，学習が深まっていく過程で，児童とともに新たな問いを追加しながら学習を進めることにした。例えば，埋め立て地がいくつかの県にまたがった海沿いにあることを示した資料を提示することで「なぜ，いくつかの県が共同で埋め立て地を利用しているのだろう」という問いが生まれ，「県内外の人々の協力」に着目して連携や協力について考えることができた。目標を達成するための教材化の視点をもつとともに，社会的事象の見方・考え方に基づく問いを追加できるように資料や発問を用意しておくことが，指導計画と言える。児童自らが問いをもち，見通しをもって学べるようにするために指導者の周到な準備，より深い教材研究が大切である。

（龍野　聡平）

▶▶下水を処理する事業（全９時間）

⑤ 自分たちにできることを選択・判断し，社会と関わろうとする子どもを育てる事例

1 単元の目標

下水を処理する事業について，処理の仕組みや再利用，県内外の人々の協力などに着目して，関係機関が作成した資料を調べ，事業が果たす役割を考え，表現することを通して，衛生的な処理や資源の有効利用ができるように進められていることや，生活環境の維持と向上に役立っていることを理解できるようにするとともに，学習問題を主体的に追究・解決し，学習したことをもとに自分たちに協力できることを考え，実践しようとする態度を養う。

2 評価規準

知識・技能	思考・判断・表現	主体的に学習に取り組む態度
①下水の処理の仕組みや再利用，県内外の人々の協力などについて，関係機関が作成した資料などで調べて必要な情報を集めて読み取り，下水を処理する事業の様子を理解している。 ②調べたことを図や文などでまとめ，下水を処理する事業は，衛生的な処理や資源の有効利用ができるよう進められていることや，生活環境の維持と向上に役立っていることを理解している。	①下水の処理の仕組みや再利用，県内外の人々の協力などに着目して問いを見いだし，下水を処理する事業の様子について考え，表現している。 ②下水処理の事業の様子と自分たちの生活や環境とを関連付けて，その事業が果たす役割を考えたり，自分たちに協力できることを選択・判断したりして，適切に表現している。	①下水を処理する事業について，予想や学習計画を立てて学習問題を主体的に追究・解決しようとしている。 ②学習したことをもとに，水を汚さない工夫など，自分たちに協力できることを考え，実践しようとしている。

 単元の内容について

この単元では，大阪市の下水処理について扱う。大阪市の下水道の普及率は99.9％と高く，下水処理人口普及率も大阪府は95.2％と全国でも３番目に高い（平成27年度，国土交通省）。子どもたちは，自分たちが使っている水が，循環されて再利用されていることは知っているが，具体的な処理の方法や，背割下水をはじめとした下水処理施設整備の歴史については知識を獲得していないと考えられる。これらの社会的事象の意味について，社会的な見方・考え方を働かせることで，自分たちの生活とのつながりを理解することができる。単元末には自分たちが毎日使う水に対し，どのように関わっていけばよいかを考えるようにしたい。

 単元展開例

	○主な問い，学習活動・内容 ☆見方・考え方	□資料　◆指導の手立て 【　】評価の観点
つかむ	問い **筆を洗ったときに流れた水はどこへ行くのだろう。**（２時間） ☆下水がどこへ流れるのかを，学校や河川，海，浄水場などの位置関係に着目して予想する。 ○浄水場の学習を想起し，下水の処理の方法を予想する。 ○下水の処理について，どのようなことについて学習を進めるか，意見や疑問を出し合う。	□映像「使用した水が流れる様子」 □資料「川の水が安心して飲める水になるまで」 ◆「使った水がそのまま川や海に流れるとどうなるか」と発問し，どのような処理がなされているか思考を促すようにする。
	学習問題 **大切な水を守るために，大阪市では下水をどのように処理しているのだろう。**	
	○学習問題に対する予想をもとに，学習計画を立てる。	□地図「大阪市のようす」 ◆「くらしを支える水」の単元で学んだ視点を生かすようにする。 ・安全な水ができるまでの処理方法 ・いろいろな施設の連携 【思①】【態①】
調べる	問い **下水はどのように処理されるのだろう。**（３時間） ☆処理に関わる施設の連携に着目してとらえる。 ○下水管の仕組みを調べる。 ○下水処理場の働きを調べる。 ○下水処理場で出たごみの処理について調べる。	□冊子『わたしたちのくらしと下水道』 □冊子『おおさか環境科』 □冊子『市岡下水処理場』 □地図「大阪市のようす」 ◆下水道と下水処理場の位置関係や，汚泥の処理に関わる関係機関の連携について，資料から読み取るようにする。 【知①】

	問い **下水処理の仕組みはどのように整えられてきたのだろう。**（2時間） ☆下水道の整備の時間的な経過や位置関係に着目してとらえる。 ○昔の下水の処理方法を調べて，どのような問題があったのかを話し合う。 ○背割（太閤）下水と今の下水道を比較して下水道の整備について気づいたことを話し合う。	□冊子『わたしたちのくらしと下水道』 □冊子『おおさか環境科』 □地図「大阪市のようす」 ◆下水道の整備と普及について年表を提示することで，下水処理の仕組みが整えられてきたことをとらえられるようにする。また，今と昔の地図を比較し，下水道の位置関係についてもとらえられるようにする。 【知①】
まとめる	問い **大切な水を守るために大阪市では下水をどのように処理しているのだろう。**（1時間） ☆下水処理に携わる諸機関の連携に着目する。 ○学習したことを振り返り，下水処理，下水やごみの輸送，諸機関の連携について，図と言葉を使ってまとめる。 ○下水の処理の意味について考える。	◆学習問題に対する自分なりの考えを関係図と言葉で表すようにする。 ◆調べたことを図などに総合することで，生活の中で下水処理がもつ意味をとらえることができるようにする。 【知②】【思②】
いかす	○下水道に起こっている問題について知る。 問い **大切な財産である下水道を大切にするために自分たちにできることは何だろう。**（1時間） ○自分たちにできることについて話し合い，その中から自分のこれからの行動について考えをまとめる。	□冊子『わたしたちのくらしと下水道』 ◆下水道は使用者のマナーによって傷んだり，使えなくなったりすることをとらえるようにする。 ◆学んだことをもとにして，自分の意思をもち，下水道を使用する大阪市民として自分のできることを選択・判断できるようにする。 【態②】

5 指導上の工夫

1 主体的・対話的な学びの工夫

子どもたちが学習に対して主体的になれば，自然と対話が生まれる。つまり対話的な学びは，主体的な学びによって実現される。その主体的な学びを実現させるために大切なのは，子どもたちが問いを内発して，その問いを解決したいという意欲をもたせることである。

そこで，問いを内発するような資料を用意し，提示方法を工夫することで，子どもたちの「どのように？」「いつから？」「なぜ？」などの疑問を引き出すようにする。例えば「つかむ」の段階では，図工で使用した版画インクを洗い流す動画を見せる。子どもたちは「この水はどこに行くのかな？」などの疑問を出し合い，その後，疑問に対する予想を話し合うようになると考えられる。

2 「見方・考え方」を働かせた深い学びの実現

まとめる段階の活動では，調べたことを生かして汚水がきれいになっていく過程を図にまとめる。単純に図にまとめるだけでなく，それぞれの機関がもつ役割や意味など，調べる中で自分が考えたことや気づいたことについても書き込むようにする。この活動を通して，学習問題に対して調べた「下水管の仕組み」「下水処理場での処理」「ごみの処理方法」を個々の事象としてとらえるのではなく，諸機関の相互関係をとらえたり，それぞれの働きと自分たちの生活とを関連付けたりできるようにすることが目的である。

諸機関の連携を図にまとめる子ども

3 学びに向かう力，人間性等を育てる学習の実現

学習を通して下水道が国民にとって大切な財産であることを知った子どもたちに，下水道が抱える問題を提示することで，自分たちの生活を変えていく必要があることに気がつくようにする。学習してきたことを生かして，下水道を守るために自分たちにはどんなことができるのかを考え，話し合う経験は，今後の社会科の学習においても主体的に問題を解決していこうとする態度や，よりよい社会を考え学習したことを社会生活に生かそうとする態度につながっていく。

6 資料等

1 調べる段階で活用した資料例

『市岡下水処理場』

『2011 大阪市の下水道』

『おおさか環境科　小学校３・４年生』

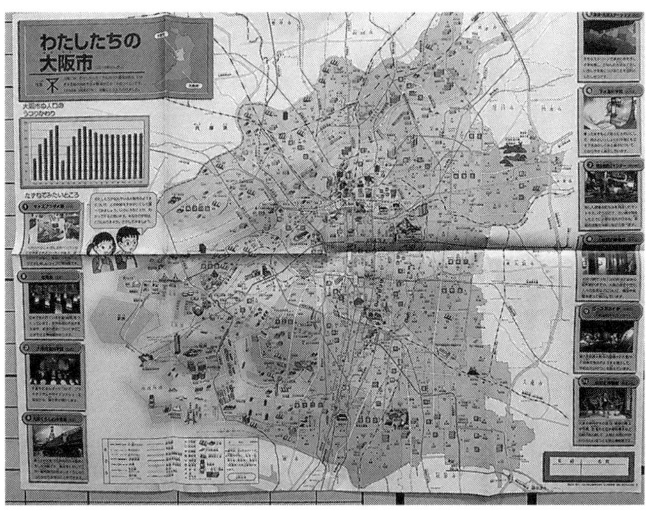

大阪市の地図

2 情報入手先

- 大阪市建設局
- 大阪市環境局
- 大阪市港区役所ホームページ

7 本時の展開（9/9時）

1 目標

下水道に起こる問題について話し合うことを通して，下水道を守るためや水を再利用するためには，みんなで普段から水の使い方について考え，行動することが大切であるということを理解するとともに，そのために自分にできることを主体的に選択・判断できるようにする。

2 展開

主な学習活動（・予想される児童の反応）	□資料　○留意点
1　**下水道が抱える問題について話し合う。** ・油などによる下水管のつまり ・下水管内のごみの集積 ・河川や海の水質汚染 ・埋め立て処分場の確保	□写真「下水管のつまり」 □文章「大阪市建設局の方のお話」 ○下水道はどのような問題を抱えているかを予想したうえで資料を読み取り，下水道が機能しなくなる危険性についてとらえることができるようにする。
2　**下水道が抱える問題の原因を考える。** ・排水方法のマナー違反 ・集水ますへのポイ捨て ・洗剤等の使いすぎ ・水を大切にする意識の低さ	□写真「集水ます」 ○下水道が抱える問題と自分たちの生活とを関連付けながら話し合うようにし，解決の必要性を感じることができるようにする。
3　**自分たちにできることを考える。**	
下水道を守るために自分たちにはどのようなことができるだろう。	
・食器の油を拭き取ってから洗い流す ・排水溝ネットを使う ・お風呂の水を洗濯に利用する ・使う洗剤の量を減らす ・ポスター等で下水道の利用についてよびかける	○下水道が抱える問題に対してできることを具体的に考えるように助言し，生活の中で実践しようとする意欲を引き出すようにする。
4　**大阪市建設局のホームページを見て，下水道を守るためにできることについて確認し，まとめる。** ・みんなで協力して取り組むことが大切。 ・自分にもできることは多くあり，それを実行する。	□「下水道を大切に～水環境を守るために」 ○ホームページから自分たちにできることの多さに気づくとともに，一人一人の意識や協力が必要であることを理解できるようにする。 ○たくさん出された意見から自分にできることを選ぶことができるようにする。

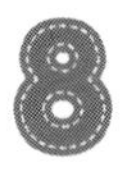

子どもの学びと様子

1 第7時の学習活動と児童の学習感想から

社会的な見方・考え方を働かせ，下水処理の事業の歴史について調べ考えることによって，下水処理の事業が地域の良好な生活環境を支えているということを理解することができた。歴史的背景を知ることが社会的事象の意味を深く理解することにつながったと言える。

下水道が整備されるまでは，コレラやペストなどの病気が流行していたことを知っておどろいたし，それをなんとかしようとこれまで努力してきた人が多くいることも知ることができた。自分たちは当たり前のように安心で安全な生活をしているけど，それはこれまでに下水道をつくってきた人たちがいることと，今も下水道で働いている人々がいるおかげだと思って，これからは感謝しながら水を使おうと思った。

2 第8時の学習活動と児童の学習感想から

第８時では，下水処理に関わる諸機関の連携を図にまとめ，図をもとに下水処理について学習したことを説明する活動を行った。どの児童もこれまでに学習したことを生かし，諸機関の仕事を関連付けながらまとめることができていた。最後の感想には，自分たちの生活が下水処理によって支えられているという記述があり，下水処理事業の果たす役割に迫ることができていたことが分かった。

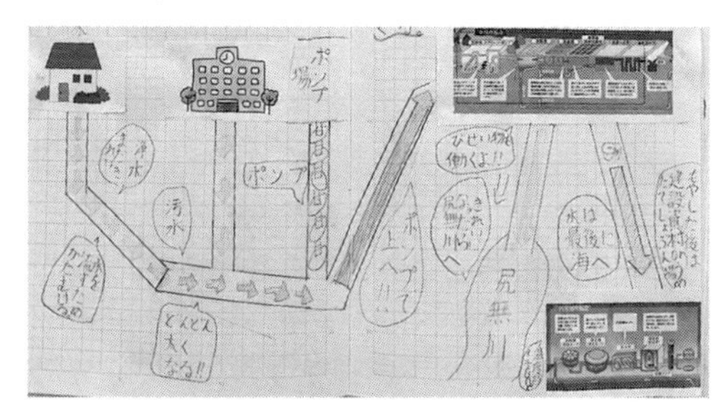

児童がかいた図と説明

このように，ぼくたちが使った下水は，いろいろなしせつのいろいろな工夫によってきれいになり，長い時間をかけてぼくたちのもとへ帰ってくるということがわかりました。いろいろなしせつや人のつながりによって自分たちの生活が支えられていることがあらためてすごいと思った。

このようにいろいろなしせつを通って水はきれいになっていることがわかった。Sさんの図には，いろいろな工夫についての説明が細かく書かれていたのと，水のじゅんかんがわかりやすくなっていたので参考になった。

実践のまとめ

1 子どもの姿から

下水道が抱える問題について調べ，その問題を解決するために自分たちにはどのようなことができるかを考え，話し合った。下水道が使えることは当たり前のことではなく，老朽化したり，市民のマナーで使えなくなったりすることがあるということを知り，自分たちにできること，自分にできることは何かと切実感をもって考え，選択・判断する姿が見られた。社会に関わろうとする態度を養うことができたと言える。

下水の処理について学習をして，自分がふだん使っている水がどのようにしてきれいにされているかを知ることができた。これまではまったく考えたことがなかったけど，ついさっき手を洗った時に使った水も下水管を通っていくと考えると，これから水を無駄に汚さないようにしたいと思った。これからは今日の学習で話し合ったことをふだんの生活の中で考え，無駄に水を汚すことをなくしていこうと思う。そして，自分だけではなくて家族や友達にも伝えていって，財産の下水道を守っていくようにしようと思った。

また，学習が終わった後に児童から「学習を伝えたい」という提案があり，児童主体のペープサートによる学習発表会が開かれた。下水の処理について分かりやすく説明したり，水の使い方について呼びかけをしたりする内容となっており，学習が地域社会の一員としての自覚の涵養にもつながったことが分かった。

学習したことを伝える児童の姿

2 考察

つかむ段階で，児童がそれまでの学習で身につけた見方・考え方を働かせて考え，そこで全員が共有した問いに対して，予想や学習計画を立てて，それらを追究する場を設定することが，子どもの理解を深め，社会と関わろうとする態度を養うことに有効であることが分かった。それは，まとめる段階で下水道の働きが生活を支えているという社会的事象の意味に迫る記述が見られたり，いかす段階で学習を生活に生かそうという意思を表現する記述が見られたりしたからである。また，毎時間の感想に加えて書かれた新たな疑問なども取り上げ，学習計画を修正しながら学習を進めるようにしたことも，児童主体の学びへとつながり，深い学びを実現することになったと言える。

（永井　健太）

4年 ▶▶県内の自然災害（地震）ー防災ブックをつくろうー（全11時間）

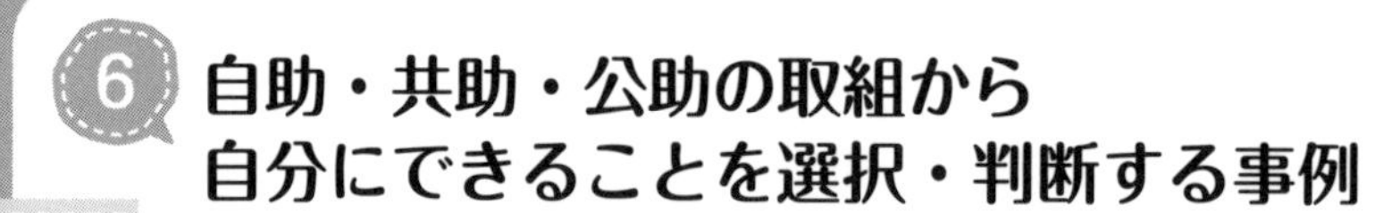

⑥ 自助・共助・公助の取組から自分にできることを選択・判断する事例

1 単元の目標

自然災害から人々を守る活動について，過去に県で発生した地震災害，関係機関の協力などに着目して，聞き取り調査をしたり資料で調べたりして，関係機関や人々は，地震災害に対し様々な協力をして対処してきたことや，今後想定される自然災害に対し様々な備えをしていることを理解できるようにするとともに，学習問題の解決に向けて主体的に追究しようとする態度や，地域社会の一員として自分たちにできることを考え協力しようとする態度を養うようにする。

2 評価規準

知識・技能	思考・判断・表現	主体的に学習に取り組む態度
①過去に県で発生した地震災害，関係機関の協力などについて，聞き取り調査をしたり資料で調べたりして，必要な情報を集めて読み取り，災害から人々を守る活動を理解している。 ②調べたことを関係図などにまとめて，関係機関や人々は，地震災害に対し協力して対処してきたことや，今後想定される自然災害に対し備えをしていることを理解している。	①過去に県で発生した地震災害，関係機関の協力などに着目して問いを見いだし，災害から人々を守る活動について考え，表現している。 ②災害から人々の命や生活を守る働きの大切さを考えたり，自分たちにできることを選択・判断したりして，適切に表現している。	①地域に発生する自然災害について，予想や学習計画を立てて主体的に学習問題を追究・解決しようとしている。 ②学習したことをもとに，地域の安全の確保について自分たちにできることを考え協力しようとしている。

3 単元の内容について

この単元では，地域で発生する自然災害のうち，地震災害を扱うこととする。関係機関は，県庁や市役所の災害対策を行っている組織の働きなどを中心に取り上げ，防災情報の発信，避難体制の確保などの働き，自衛隊など国の機関との関わりを取り上げる。地震災害は天災であり，起こることを防ぐことはできない。しかし，その被害の大きさは，災害に備える社会の強度によって左右される。そのことを調べる中で感じることができるように配慮する。

そして，今後起こり得る地震災害を想定し，地震発生時に自分自身の安全を守る行動の仕方を考えたり，自分たちにできる地震災害への備えを選択・判断したりできるようにする。

4 単元展開例

	○主な問い，学習活動・内容 ☆見方・考え方	□資料　◆指導の手立て 【　】評価の観点
つかむ	問い **地震災害から人々の命やくらしを守るために，徳島県ではどのような取組をしているのだろう。**（2時間） ☆徳島県で発生した地震災害を，発生した時期や場所に着目してとらえる。 ○徳島県で過去に発生した自然災害の概要をつかんで地震災害について話し合い，単元の学習問題をつくる。	□グラフ「学級でとった自然災害に関するアンケート結果」 □写真「徳島県で起きた自然災害」 □年表「徳島県のうつりかわり」 ◆徳島県では地震，台風，洪水，土砂崩れなどの自然災害が繰り返し発生していることをおさえる。 □写真「昭和南海地震」 ◆過去に徳島県で起きた地震災害について写真を用いて提示することにより，徳島県の地震災害への備えや対処を考えていこうとする意欲を高める。
	学習問題 **地震災害から人々の命やくらしを守るために，徳島県ではだれがどのような取組をしているのだろう。**	
	○学習問題に対する疑問や予想を出し合い，調べ方を話し合う。 ・家庭（学校・地域・市や県・国）では地震災害に対してどのような対策をしているのだろう。 ・市や県の方に話を聞くといいと思う。 ・本やインターネットで資料を集めて，調べたいな。 ・防災センターに行ってみよう。	◆疑問や予想を板書上で分類することにより，「家庭」「学校」「地域」「市や県」「国」など，単元を通して意識していく視点をもつことができるようにする。 ◆「家庭」「学校」「地域」「市や県」「国」などの関係に着目して学習していこうとする見通しをもてるようにする。 【思①】【態①】
調べる	問い **「学校」「地域」ではどのような取組をしているのだろう。**（2時間） ☆消防・警察の学習で学んだ「自助・共助・公助」の関係の視点を生かして考える。 ○地震災害への取組という視点をもって学校探検・地域探検を行い，見つけたことを写真記録やメモ	□地図「ハザードマップ」 □冊子『防災ハンドブック』 ◆見つけたことやものの意味や特色を考えるよう助言する。

	をとり，伝え合う。 ○地域の自主防災組織会長の方からお話を聞き，地域の一員として取り組むことがあるということに気づく。	□地域の自主防災組織会長の方のお話 ◆共助の必要性についてお話をしていただき，消防や警察の学習で学んだ「自助・共助・公助」の考えが生きるようにする。 【知①】
	 **「市」「県」「国」ではどのような取組をしているのだろう。**（2時間） ☆対処してきた事実を時間的な経過に着目してとらえる。	□資料「自然災害誌」 □新聞記事「徳島新聞・自衛隊の訓練」 ◆過去の震災をもとにして，震災の対策をしてきたことをおさえる。 【知①】
まとめる	 **地震災害から人々の命やくらしを守るために，徳島県ではだれがどのような取組をしているのか話し合おう。**（2時間） ☆関係機関の働きを相互の協力関係に着目してとらえる。 ☆防災の取組の意味を国民生活と関連付けて考える。 ○単元の学習問題を振り返り，災害から命やくらしを守るための県や市・地域・自分の取組について自分なりの考えを図と言葉で表す。	□文章「とくしまゼロ作戦課の方のお話」「ゼロ作戦の構想図」 ◆単元の学習問題に対する自分なりの考えを関係図と言葉で表すようにする。 ◆「自助」と「共助」の視点を関連付けてとらえるよう促す。 【知②】【思②】
いかす	 **とくしまゼロ作戦課の取組のうち，防災・減災のために優先するべきことは何だろう。**（1時間）  **地震による徳島県の死者をゼロに近づけるために自分たちにできることは何だろう。**（2時間） ○今の自分（たち）にできることを考え，適切に防災ブックに表す。	◆今の自分にできることを考え，防災ブックに表し，オープンスクールで地域の人や家の人に発信できる場を設ける。 【思②】【態②】

 5 指導上の工夫

1 主体的・対話的な学びの工夫

単元の導入の際に，子どもたちの予想や疑問を板書上で分類し，学習問題を設定した。分類した視点は，「家庭」「学校」「地域」「市や県」「国」である。単元の導入の際に，これから調べていく視点を見いだすことで，見通しをもち学習問題の解決に向けて主体的に単元の学習を進めていくことができる。

また，調べたことを防災ブックに表していくことで，単元を通して目的意識をもち，調べていくことができる。対話的な学びの実現のために，調べ活動をするうちに子どもたちが考えの相違を感じる場面を設定し，議論し，自分なりの考えをもつことができる場面を設定することが有効である。本単元では，「7　本時の展開」にあたる場面のため，そこで詳しく記す。

2 「見方・考え方」を働かせた深い学びの実現

本単元では，単元の学習問題を追究していく過程で友達との考えの相違から子どもの内に問いが芽生え，議論する場面を設定した。県の災害対策課である「とくしまゼロ作戦課」のゼロの意味について考え，徳島県では死者を一人も出さないことを目指した災害に強い社会づくりに取り組んでいることを共通理解した。子どもたちは，その難しさを感じながらも，その実現のために，どの取組を優先させるべきかという視点で意見を述べていった。板書上で子どもたちの意見を「自助」「共助」「公助」の観点で書き分け，それぞれの協力やつながりは黄色で結んでいった。子どもたちは，議論していくうちに，「自助」「共助」「公助」の関係に着目した見方・考え方を働かせ，それぞれはバラバラなものではなく，協力やつながりが大切であることに気づいていった。以下に板書の写真を示す。

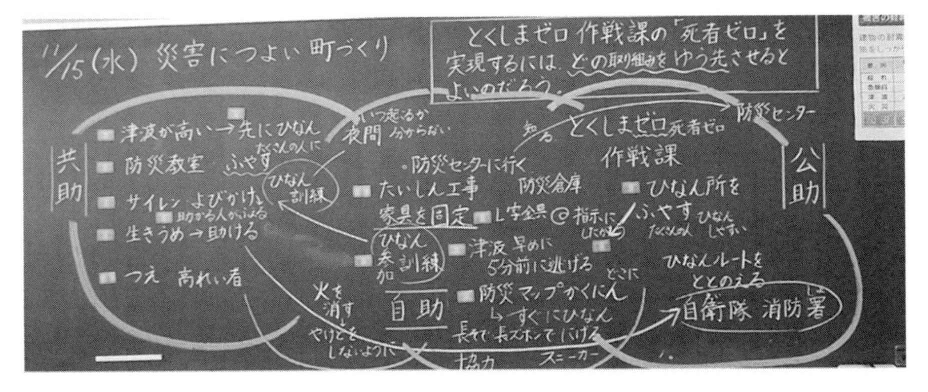

6 資料等

1 自分の考えをつくるときに子どもたちが使用した資料例

本邦最大の地震
津浪の惨禍甚大
縣下死傷二百以上

「徳島新聞記事」より抜粋
（昭和21年12月22日付）

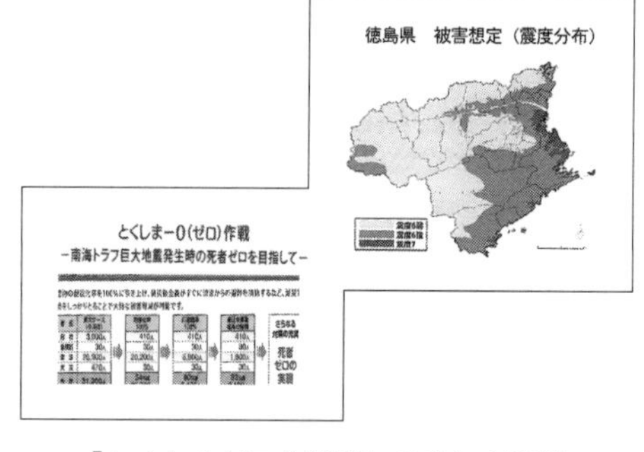

「とくしまゼロ作戦課」の出した資料
（徳島県公式ウェブサイト上で公開）

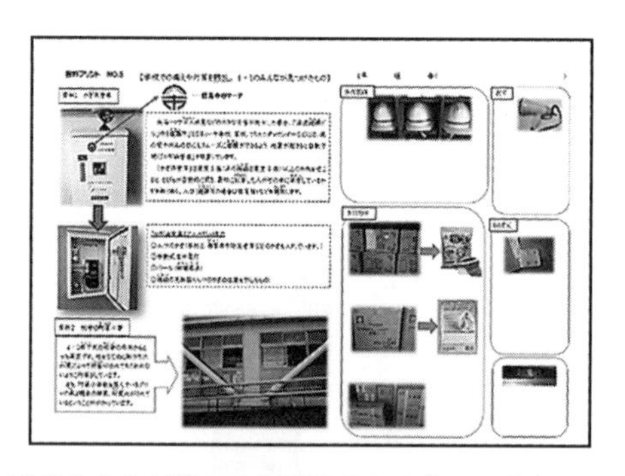

子どもたちが撮った写真をまとめたワークシート

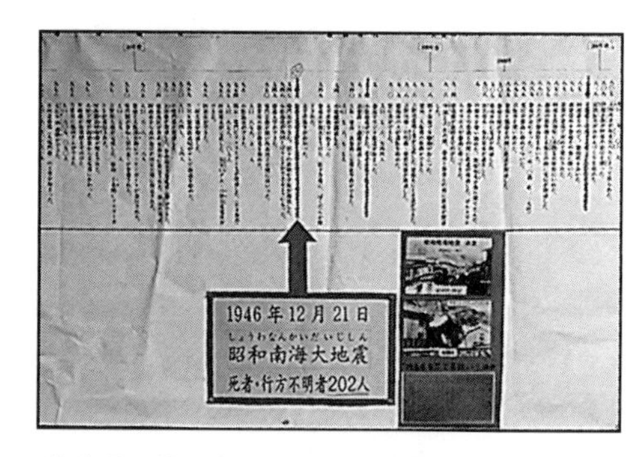

徳島県の移り変わりと自然災害についての年表

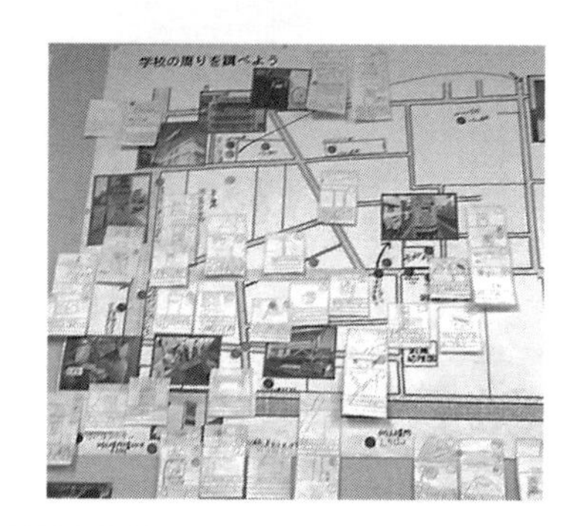

地域を探検して見つけたものを表した地図

調べたことを分類したホワイトボード

2 情報入手先

- 徳島県庁とくしまゼロ作戦課が作成したガイドブック
- 徳島市役所危機管理課が発行している防災マップやリーフレット

7 本時の展開（9/11時）

1 目標

自助・共助・公助の観点から，今後起こりうる災害に対して今の自分ができることを，地域社会の一員として選択・判断することができるようにする。

2 展開

主な学習活動（・予想される児童の反応）	□資料　○留意点
1　前時の学習を振り返り，本時の学習のめあてをつかむ。　（5分） ・たくさんの取組について調べてきたけど，わたしはまず一人一人がすぐに避難するということが一番大切だと思った。 ・どの取組も大切だけど，本当に自分の命を守れるのか心配になった。	□とくしまゼロ作戦課の死者ゼロ実現に向けた取組についての資料 ○徳島県の地震災害への対策で優先すべき取組について考えている感想と，友達の考えに関心をもっている感想を意図的に取り上げることにより，本時の学習問題が子どもたちの内に生まれるようにする。
とくしまゼロ作戦課の「死者ゼロ」を実現するには，どの取組を優先するべきなのだろう。	
2　学習問題に対する自分の考えをもつ。　（10分） ・避難訓練に参加し自分の身を自分で守る。 ・地域の人と助け合って，お年寄りや体の不自由な人を守りながら避難する。 ・建物や道をもっと揺れに強くする。	○前時に出た考えを参考にして自分の考えをノートに表す活動を設定することにより，学習問題について自分の考えをもつことができるようにする。
3　学習問題について，友達と話し合う。　（20分） ・自分にできることは少ないと思っていたけど，みんなの意見を聞くとできると思うことが増えた。 ・せめて，情報をよく聞いたり，避難のとき呼びかけたりする。	○その取組を選択した理由や根拠は何かを問いかけることにより，それぞれの取組の意味についての理解を深めることができるようにする。
4　それぞれの取組について，今の自分にできることは何かを考える。　（10分）	○「～さんの考えを聞いて……」「これからの自分は……」などの書き出しを例示することにより，自分の考えの広がりや深まりに気づくことができるようにする。

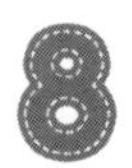

子どもの学びの様子

1 第7・8時（前時）の児童の学習感想から

前時は単元の学習問題「徳島県では地震災害から人々の命やくらしを守るために，誰がどのような取組をしているのだろう」について，みんなで話し合う（確かめる）時間であった。子どもたちは，「家庭では……一人一人が……（自助）」「地域が……近所の人と……（共助）」「県が……市が……国が……（公助）」など様々な機関が協力して災害から人々を守る活動を行っていることを確かめた。そして，「たくさん意見が出たけれど，これが一番大切というものを振り返りに書いてみよう」と投げかけた。選んだ取組について，意見の相違が見られた。次時へとつなぐポイントとなる。

2 第9時（本時）後の児童の学習感想から

本時では，県の災害対策の中心となっている「とくしまゼロ作戦課」の取組について，死者ゼロに向けた取組を行っていることを確認した。前時の振り返り記述と合わせて，その実現のために優先すべき取組は何かという問いが生まれるようにした。「わたしは～を優先すべきだと思う。そのわけは……」と意見を述べ合う場を設けることにより，単元で学んできたことを確かめることができ，見方・考え方を働かせて，自助・共助・公助の取組と，それぞれの協力の必要性にあらためて気づいていった。

下に示す児童の記述から，徳島県の現状について，十分な取組と不十分な取組（課題）の両方に目を向けたり様々な立場から考えたりして，多角的に深く考えていることが分かる。つながりと同時に自助への課題も見えたところで，自分にできることは何かという問いを投げかけた。次時の課題を踏まえた選択・判断の場面につながる場面である。子どもたちは学習前にも（学習していなくても）同じようなことを話すことができるかもしれない。しかし，大きく違う点は，公助や共助の取組が分かったからこそ，言えることがあった点である。そのような選択・判断が多く見られた。

市がハザードマップを作ってくれているのに，アンケート結果を見ると確認している人が少ない。自助の取組で各家庭が確認することが大切だと思う。

地いきで防災訓練を計画しているが参加者が少ないのが問題だと思った。わたしも次は参加したい。

9 実践のまとめ

1 子どもの姿から

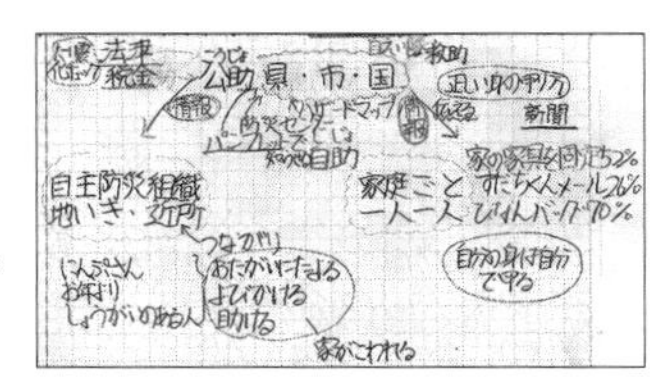

単元導入前に子どもと保護者にアンケートを実施した。教師が授業づくりに生かすことはもちろんのこと，アンケートの結果を資料として考えの根拠とすることができるように結果を提示した。また，単元導入前と後を比べることができ，子ども自身が自分の成長を実感することにもつながった。日頃から，災害に関して自分ごととして考える姿も増え，地震に関する新聞記事を集める子どもや，家族の中で防災リーダーとしての役割を果たそうとする様子も見られた。以下に振り返りの一部と，防災ブックに表したものを紹介する。

> 市の防災無線が流れたら，静かに聞いて情報を受け取るようにする。そのために普段から放送をよく聞くようにする。

> 今の10歳の自分にできることはとても少ないけれど，せめて，近所の人と普段から挨拶をすることで逃げ遅れを防ぐことができると思う。

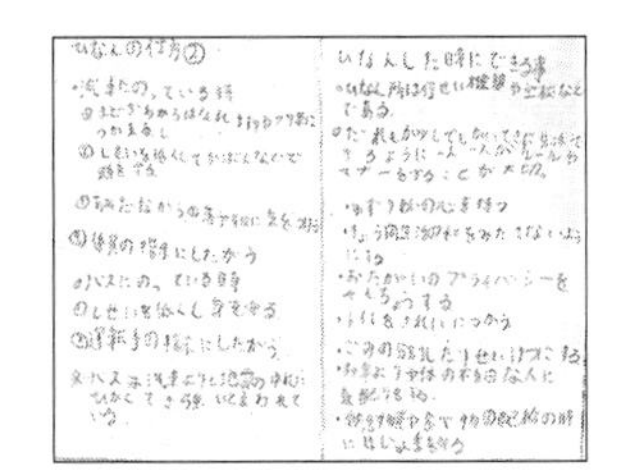

防災ブック（一部抜粋）
「通学中の対処と避難後に自分ができること」

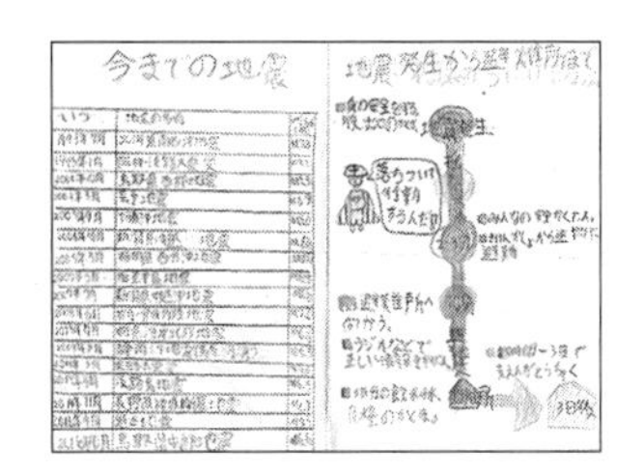

防災ブック（一部抜粋）
「徳島県が関わる主な地震災害と主な出来事」

2 考察

本実践から，子どもたちが見方・考え方を働かせて，過去の地震への対処と現在の取組を比べたり，現在の地震災害に対する取組の課題点を見いだしたり，そこから自分にできることを選択・判断したりする姿を見ることができた。第４学年の「社会科」として防災の単元を行うにあたって，防災教育や第５学年社会科や第６学年理科で扱う地震の学習との差異を明確にする必要性を感じている。公助・共助の取組について，社会の仕組みが分かったうえで，自助の取組について自分にできることを選択・判断するということが大切であると分かった。本実践は指導要領の移行期間に行ったため，県全体の広がりについては未習のまま行った。県の地形や，交通，市区町村など県全体の広がりを学んだ後，本単元を行うと，例えば，高速道路を避難路として整備していく取組があることなど，全単元を生かして考えることもできるだろう。今後も研究を深めていきたい。

（中尾　梓）

7 自然災害の変化に着目し，備えの大切さを考える事例

1 単元の目標

自然災害から人々を守る活動について，過去に発生した東京都の自然災害，関係機関の協力などに着目して，資料などを使って調べ，その働きと関連付けて考え，関係機関や人々は，自然災害に対し様々な協力をして対処してきたことや，今後想定される自然災害に対し様々な備えをしていることを理解できるようにするとともに，学習問題を主体的に追究・解決し，地域社会の一員としてできることを考えようとする態度を養う。

2 評価規準

知識・技能	思考・判断・表現	主体的に学習に取り組む態度
①都内で過去に発生した自然災害，関係機関の協力などについて，地図や年表，資料などで調べ，災害から人々を守る活動の様子を理解している。 ②調べたことを関係図や文などにまとめ，地域の関係機関や人々は，自然災害に対し様々な協力をして対処してきたことや，今後想定される災害に対し様々な備えをしていることを理解している。	①都内で過去に発生した自然災害，関係機関の協力などに着目して問いを見いだし，災害から人々を守る活動について考え，表現している。 ②災害から人々を守る活動と人々の生活とを関連付けて，その活動の働きを考え，適切に表現している。	①自然災害から人々を守る活動について，予想や学習計画を立てて学習問題を主体的に追究・解決しようとしている。 ②学習したことをもとにして，地域で起こり得る災害を想定し，地域や自分たちの安全を守るためにすべきことやできることを考えようとしている。

単元の内容について

本単元では，過去に起きた災害の対処から，身近な災害に対して，市役所や県庁の働きを中心に取り上げ，自衛隊など国がどのように対処するのかなどの働きを取り上げるようにする。その際，消防署や警察署などの関係機関とも連携をとっていることを取り上げる。子どもたちには，災害では共助や自助が大切であることを理解させ，自分にできることは何か考えたり選択・判断したりできるよう配慮することが大切である。

単元展開例

	○主な問い，学習活動・内容 ☆見方・考え方	□資料　◆指導の手立て 【　】評価の観点
つかむ	問い **東京都ではどのような災害が起きているのだろう。**（１時間） ☆東京都で発生した災害を時期や範囲に着目してとらえる。 ○都内でこれまでに発生した様々な自然災害の種類と被害の様子について，年表と白地図でつかむ。	□映像「平成29年の集中豪雨」 □地図・年表「東京都で起きた自然災害」 ◆東京都でも自然災害が繰り返し発生していることをおさえる。
	問い **東京都ではどのような水害が起きているのだろう。**（１時間） ☆東京都の水害の発生した時期や範囲に着目してとらえる。 ○東京都で起きた主な水害について調べ，過去の水害が台風による川の氾濫であったことを知る。	□写真「キティ台風，カスリーン台風，狩野川台風」 □地図「神田川流域」 【知①】【態①】
	問い **新宿区ではどのような水害があったのだろう。**（１時間） ☆水害の推移から，時間の経過とともに水害が減っていることをとらえる。 ○新宿区の浸水被害のグラフから，水害が減っている事実を知り，そこから学習問題をつかむ。	□グラフ「新宿区の主な水害」 ◆身近な地域の水害を取り上げることで，切実感をもたせ，学習問題につなげる。 【思①】【態①】
	学習問題 **水害からまちや人々を守るために，だれがどのような取組をしているのだろう。**	
調べる	問い **東京都では神田川やその周りの地域に対してどのような水害対策をしてきたのだろう。**（１時間） ☆過去の災害の対処の仕方をとらえる。 ○過去に起きた水害に対する対処について調べる。	□年表「神田川の水害」 □文章「区役所の危機管理課の人の話」 □写真「環状７号線調整池」 【知①】
	問い **水害はなぜなくならないのだろう。**（１時間）	□グラフ「新宿区の主な水害」 □地図「市街化の地図」

	☆水害の様子の変化に着目する。 ○新宿区の主な水害のグラフから，災害が0にはならないことをとらえ，その理由を考える。 ○都市型水害について理解する。	□映像「集中豪雨とその被害」 ◆水害に対して対処をしていても，水害は0にはならないことから，常に社会に存在する課題としてとらえさせるようにする。 【知①】
	問い **水害に対して，都や区の人たちはどのような備えをしているのだろう。**（1時間） ☆都や区，地域の人々と消防署や警察署などの働きに着目して，様々な人が協力して水害対策を行っていることをとらえる。 ○都や区，自治体などの水害への対策を調べる。	□文章「都建設局河川部の人の話」 □図「都建設局河川部の防災組織図」 □写真「水防訓練の様子」 【知①】
	問い **都ではどのようなまちづくりをしているのだろう。**（1時間） ☆東京都の関係諸機関が協力していることに着目する。 ○都の「水害に強いまちづくり」について調べる。	□パンフレット「水害に強いまちづくり」 ◆水害に強いまちづくりに取り組んでいることをとらえることができるようにする。 【知①】
	問い **東京都の他の地域では，災害に対してどのような備えをしているのだろう。**（1時間） ☆東京都の土地の特徴（西は山間部，東は低地など）や自然条件と関連付けて，自然災害発生の可能性を考える。	□写真「土砂災害防止ネット」 □写真「スーパー堤防」 □映像「荒川の氾濫予想」 【知①】
まとめる	問い **東京都や区，地域では，どのように連携して水害対策をしているのだろう。**（1時間） ○学習したことを関係図にまとめ，学習問題に対する自分の考えを書く。	□これまでの学習したノート ◆付箋を使って，各学習の中でのキーワードを書き出し，線で結ぶ。そこから，学習問題に対する自分の考えをまとめるようにする。 【知②】【思②】
いかす	 問い **水害から自分の身を守るために，自分たちでは，何ができるのだろう。**（1時間） ☆身につけた見方・考え方を生かして，自分たちの身を守るためにできることを考える。 ○これまで学習したことをもとに，学級で話し合い，自分ができることを書く。	□これまでの資料，ノート，関係図 ◆社会に見られる課題「絶対になくならない水害」に対して，自分たちにできることを選択・判断させる。 【思②】【態②】

5 指導上の工夫

1 主体的・対話的な学びの工夫

○水害はなくなるか

第5時で，社会に見られる課題「水害は，簡単には0にはならない」をとらえた後，本当に0になることはならないのか，と問いかけをした。児童らは，「なくせる（なくなる）派」と「なくせない（なくならない）派」に分かれて，自分たちで討論を始めた。どちらも水害が自然環境によるということをとらえたうえで，「AIや情報機器が発達して，的確に予想できるようになれば防げる」と意見を述べたり，「温暖化が進めば，雨はもっと集中的に降る。自然の力は人間には予想できないから，水害を減らせても，なくすことはできない」と述べたりした。社会に見られる課題をしっかりと把握できたと言える。そして，意見の中には社会科だけの学習ではなく，理科や総合的な学習の時間で学んだことも取り入れて発言していたものもあったことは，児童の主体的な学びであった。

2 「見方・考え方」を働かせた深い学びの実現

○社会に見られる課題をとらえるための資料

社会に見られる課題を「水害は，簡単に0にはならない」と設定した。それをつかませるために，「新宿区の主な水害のグラフ」を自作した。グラフは問題把握の場面（つかむ）と，問題追究の場面（調べる）で二度使用した。一度目は，雨量と被害件数の推移から，雨量が多いときに被害が多いという関係を読み取り，同じ雨量でも被害が少なくなっている，という変化から，「誰かが何か対策をとっているのではないか」と気づかせ，学習問題の設定につなげた。二度目は，水害への対処を調べる学習の中で，「都や区や地域の人たちが対処をしてきた」と理解させたところで，児童が自ら「でも，水害は0にはなっていなかった。もう一度グラフを見たい」と発言した。ここではグラフを見ながら教師が「これだけしっかり対処をしてきているのに，なぜ0になっていないのか」と問いかけることにより，児童の中に新たな疑問が生まれた。水害の原因と対策について因果関係を見通すことにより，追究する意欲が高まり，主体的に学ぼうとする姿が見られた。また二度グラフを見たことで，水害に対する見方が変容し，より深い学びが実現されたと言える。

6 資料等

東京都の自然災害（年表と白地図）

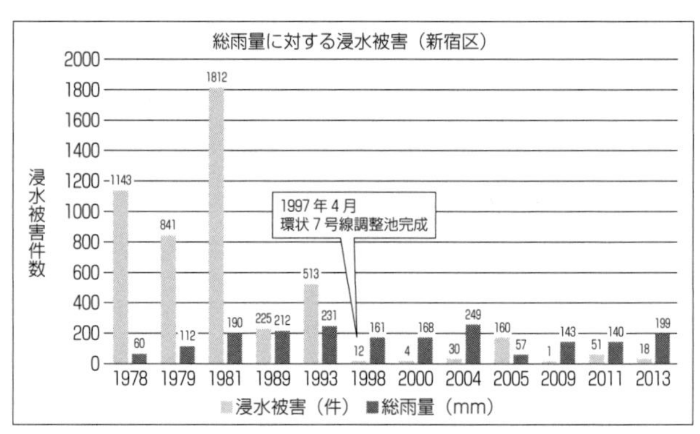

新宿区の水害の推移

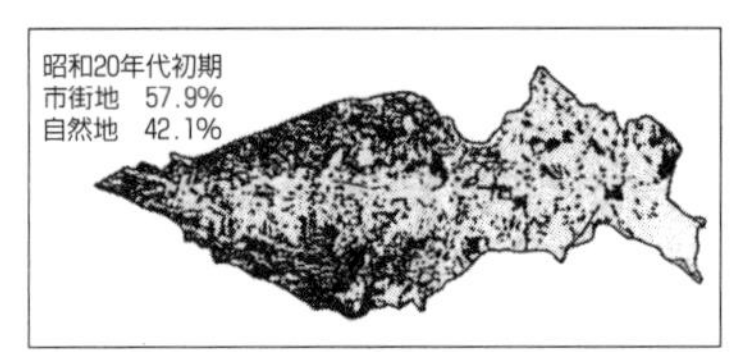

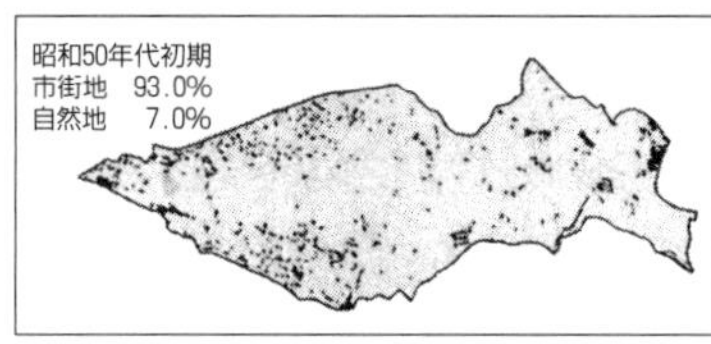

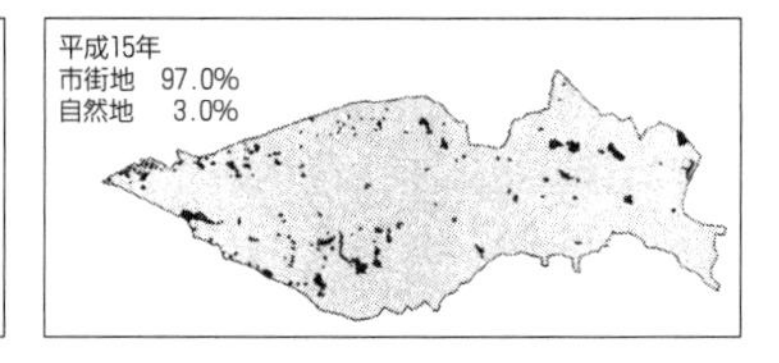

神田川流域の市街地化（左：昭和20年代，中：昭和50年代，右：平成15年）
（黒いところが緑地）

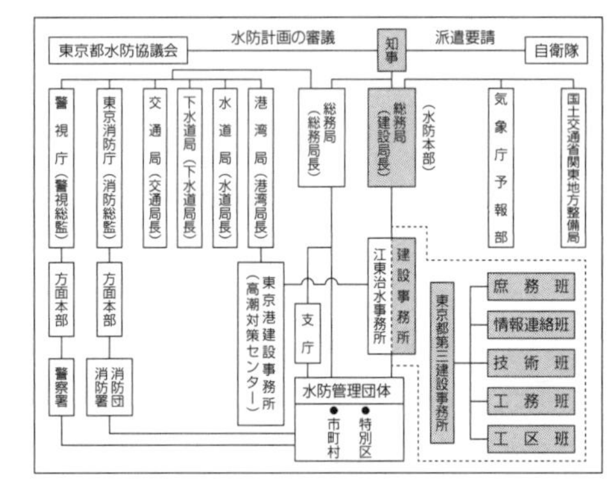

東京都の水防組織図

環状７号線の地下調整池

○情報入手先

- 東京都第三建設事務所『神田川水系の河川事業』平成27年３月

7 本時の展開（5/10時）

1 目標

雨の降り方やまちの様子の変化により，水害の様子が変わってきたことを調べる活動を通して，自分たちの身の回りに起きる災害について考えることができるようにする。

2 展開

主な学習活動（・予想される児童の反応）	□資料　○留意点
1　**前時の振り返りをする。** ・神田川流域では，水害が起きるたびに役所の人々が対処をしてきた。 2　**本時の課題を把握する。**	□これまでの学習をまとめたノート ○新宿区の主な水害のグラフから，水害が0になっていないことを確認する。
水害はなぜなくならないのだろう。	
○これまでの学習をもとに，なくならない理由を予想する。 ・自然に起こるから仕方がない。 ・対策をしても，足りない。	○水害を減らすように対策を立てているのに，水害が0にならないことへ疑問が抱けるようにする。
3　**降水量の変化とまちの様子の変化を調べる。** ・降水量が，過去の想定より増えている。 ・まちの緑（土）が減って市街化されてきている。 ・大雨は台風だけでなく，集中豪雨もある。 ・台風の数は変わっていないのに，集中豪雨の量がとても増えている。	□地図「神田川流域の市街化」 □グラフ「発生要因別降雨量」 ○自然環境の変化に気づかせる。
4　**水害が減らない理由について，学級全体で話し合う。** ⇒都や区の人は水害への対策をしているが，まちのつくりが変化してきたことと，雨の降り方が変わってきたことなどから，水害はなかなかなくならない。	○自然環境の変化と水害がどのような関係があるのか，話し合いながら理解を深めさせる。話し合いが進まない場合は，適宜介入し，話し合わせる。
5　**今日の学習の振り返りをする。**	○水害がなくなるような解決策を求めるのではなく，水害がなくならないという社会に見られる課題をとらえるようにする。

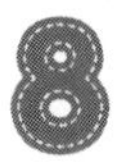

子どもの学びの様子

1 第5時の学習活動と児童の学習感想から

○都市型水害について理解する

第5時では，新宿区の水害の推移を表したグラフから，水害が0にはならないことをつかみ，その原因である「都市型水害」について学習をする。台風のような長時間にわたる大雨だけでなく，集中豪雨（ゲリラ豪雨）などで短時間に大量の雨が降るなど，雨の降り方が変わったことや，市街化が進んだことにより緑地が減り，地面が雨水を吸収しなくなったことなどを調べた。

私は，自然をつくるより，まちを水害に強いまちに進歩させた方がいいと考えました。なぜなら，自然を増やして土に水を吸い込ませるより，地下に今の豪雨にも耐えられるような水道管などをつくった方が水は早くなくなるし自然を増やすよりも早く対策ができると思うからです。

2 第6時の学習活動と児童の学習感想から

○都や区，地域などの関係諸機関の働きを理解する

第6時では，都市型水害に対する関係諸機関の対策を学習した。水防訓練の様子の写真では，「合同訓練」の文字を見つけ，どこが一緒にやっているのかということに考えをめぐらせ，これまでの消防署の働きなどを生かし，警察署や消防署が協力していることなどを予想していた。また，水防の組織図からは，都からの要請で自衛隊が派遣されることを知り，国も協力することをとらえた。

都や区の人たちと警察や消防団の人たちが訓練を重ねていることがわかりました。そして川に近くない文京区，杉並区の人たちも川の氾濫ではなくて都市型水害に備えても訓練をしていました。私の予想では，消防の人と警察の人しか関わっていないと思っていたけど，都知事も関係していて，がんばっていることがわかり，申し訳ない気持ちになりました。これからは少しでも役に立てるよう，土のう訓練なども受けてみたいです。

実践のまとめ

1 子どもの姿から

第10時の学習問題に対する自分の考えでは，過去の自然災害への対処から，現在の自然災害に対して，関係諸機関がどのように連携しているか，それぞれの立場からの自助，共助，公助の役割の重要性について理解した姿が見られた。

過去に台風で多くの被害にあってしまい，都や区は自衛隊や警察，消防の人たちと協力している。例えば，都や区は調整池をつくったり，消防や警察の人は地域で助ける共助で訓練をしていたりします。また，堤防の工夫ではスーパー堤防（２段にするなど）にしています。わたしは台風だけでまちが崩れていくなんて，思ったこともなかったけど，本当にあるということがわかり，自助をかため，自分の身は自分で守っていきたいです。

また，社会に見られる課題に対する選択・判断の場面では，具体的にできることをしっかりと述べる姿も見られた。

今日の勉強で土のうを家の前に積むなどが出ましたが，自分では気象情報を信じて，ハザードマップを確認して自分の身を守り，また余裕があれば家族のことも考えたいです。

2 考察

○社会に見られる課題に対し切実感をもって，選択・判断をさせる

川が近くになく，高層マンションに住む家庭が多い生活環境にあり，水害に対して切実感を全くもっていない児童らに対し，「水害は簡単には０にはならない」という社会に見られる課題をいかにつかませるかがポイントであった。どのような資料が必要で，どのように見せるのが効果的なのかを吟味することで，水害がなくならない原因に疑問を抱かせたり，動画によって被害が自分たちにも及ぶことを想定させたりした。児童の思考の流れを丁寧に想定し，一つの資料でも見方が変わると違う結果が見えてくることを気づかせるように意識した。児童の資料を読み取る力と社会的事象に問いをもつ力，教師からの発問で，話し合いを進め，相互の意見から理解を深めていくことで，より深い学習につなげることができた。

（秋吉かおり）

⑧ 火山災害を取り上げ，地域の安全を守る活動の働きを考える事例

1 単元の目標

自然災害から人々を守る活動について，過去に発生した県の自然災害，関係機関の協力などに着目し，聞き取り調査をしたり地図や年表などの資料で調べたりしてまとめ，災害から人々を守る活動の働きを考え，表現することを通して，地域の関係機関や人々は，自然災害に対し様々な協力をして対処してきたことや，今後想定される災害に対し様々な備えをしていることを理解できるようにするとともに，学習問題を主体的に追究・解決し，地域の一員としてできることに協力しようとする態度を養う。

2 評価規準

知識・技能	思考・判断・表現	主体的に学習に取り組む態度
①県内で過去に発生した自然災害，関係機関の協力などについて，調査したり地図や年表などの資料で調べたりして，必要な情報を集めて読み取り，災害から人々を守る活動を理解している。 ②調べたことを図や文などに整理してまとめ，地域の関係機関や人々は，自然災害に対し，様々な協力をして対処してきたことや，今後想定される災害に対し，様々な備えをしていることを理解している。	①県内で過去に発生した自然災害，関係機関の協力などに着目して問いを見いだし，災害から人々を守る活動について考え，表現している。 ②災害から人々を守る活動の働きを考えたり，自分たちにできることを選択・判断したりして，適切に表現している。	①自然災害から人々を守る活動について，予想や学習計画を立てて，見通しをもって学習問題を主体的に追究・解決しようとしている。 ②学習したことをもとに，自然災害に対して自分の安全を守ることや地域の一人として協力できることを実践しようとしている。

3 単元の内容について

過去に発生した自然災害として，箱根山（大涌谷）の噴火を取り上げる。関係諸機関としては，国が噴火に関する情報を発表していることや，自衛隊，県，箱根町，警察，消防，地域の住民などが協力していることを取り上げる。また，地域で起こりうる災害を想定し，自分たちにできることを考えたり，選択・判断したりできるよう配慮する。

4 単元展開例

	○主な問い，学習活動・内容 ☆見方・考え方	□資料　◆指導の手立て 【　】評価の観点
つかむ	問い **神奈川県ではどのような自然の災害があったのだろうか。**（1時間） ☆箱根山の噴火が発生した時期に着目し，入場規制の流れをとらえる。 ○神奈川県でこれまでに発生した様々な自然災害の種類をつかむ。 ○箱根山についての資料をもとにして，気づいたことを話し合う。	□写真「神奈川県で起きた過去の災害」 □地図「神奈川県の白地図」 ◆神奈川県の様々な場所で地震や洪水が起きていることをおさえる。 □写真「箱根山（大涌谷）」 □年表「箱根山の噴火による大涌谷の入場規制」
	学習問題 **火山の被害から人々を守るために，だれがどのようなことをしているのだろう。**	
	・被害が少なかったのは対策をしていたからではないだろうか。	【思①】【態①】
調べる	問い **噴火警戒レベルとはどのようなものだろう。**（2時間） ☆警戒区域の範囲に着目する。 ○噴火の度合いによって，気象庁が噴火警戒レベルを発信していることを知る。 ○噴火が起きた際について資料をもとに話し合う。 ・噴火が起きそうな場合はすぐに避難する必要がある。	□図表「噴火警戒レベル」 □映像「噴火の様子」 □地図「箱根山の噴火警戒レベルによる入場規制」 ◆警戒レベルが高くなるほど，入場規制範囲が広がっていることをとらえることができるようにする。 【知①】
	問い **箱根町や火山防災協議会はどのような対策をしているのだろう。**（3時間） ☆人々の相互の関係に着目する。 ○火山防災協議会に関わっている人について知る。 ・国や県，地域の住民など様々な人々が関わっている。 ○箱根山（大涌谷）が噴火してからの対策について調べる。 ・噴火が起きた後に火山防災協議会がつくられた。 ・火山ガスを観測する場所が増えた。	□図表「火山防災協議会の組織」 ◆気象庁，自衛隊，県，箱根町，警察，消防，地域の住民が関わっていることをおさえる。 □年表「噴火が起きてからの対策」 ◆噴火が起きてから，箱根山（大涌谷）火山避難計画が策定され，さらに大涌谷周辺の観光客等の避難誘導計画が策定されたことをおさえる。

	・避難の仕方がまとめられている。 ☆箱根山の噴火が発生してからの時系列で対策をとらえる。 ○避難訓練がどのように行われているかを調べる。 ・噴火警戒レベルに応じた避難の仕方がある。 ・防災無線やメールを使っている。 ・箱根町役場の人，箱根にある会社の人，警察，消防，地域の住民などが一緒に避難訓練をしている。	□写真「火山ガスを観測する様子」 【知①】 □文章「箱根町役場の人の話」 □表・文章「箱根山（大涌谷）火山避難計画」 ◆噴火が起きそうなとき，どのように避難が行われていくのかをおさえる。 ◆既習の資料を再活用し，対策をまとめるよう指示する。 【知①】
まとめる	 **火山の被害から人々を守るために，だれがどのようなことをしているのだろう。**（1時間） ☆関係諸機関が相互に連携して対処していることをとらえる。 ○学習問題に対する自分のまとめや考えを発表し合う。 ・国が噴火警報を出したり，箱根町，火山防災協議会が避難計画を出したりすることで人々を守っている。 ・地域の住民も避難訓練に参加するなど，普段から備えをしている。	◆調べてきたことを板書で関係的に整理してまとめ，それを見ながら自分の考えをまとめるよう促す。 【知②】【思②】
いかす	 **自然災害に対して自分たちができることは何だろう。**（1時間） ○自然災害から身を守るために自分たちができることを話し合う。 ・住宅が密集しているから，地震や火事が起きた場合の避難の方法を知っておく必要がある。 ・家族に災害の危険があることを知らせたり，ハザードマップを確認したりするなど，自分のできることは自分で行っていくようにしたい。	□地図「学区のハザードマップ」 ◆自分たちのまちのハザードマップから，どのような災害が起こりうるのかをとらえ，自分たちにできることを考えるよう促す。 ◆区役所や警察や消防だけでは，災害に対応しきれないことをおさえる。 ◆ハザードマップで，学区の中でも広範囲にわたって被害が想定されていることをとらえることができるようにする。 【思②】【態②】

5 指導上の工夫

1 主体的・対話的な学びの工夫

① 調べる事象が明確になる，単元を見通すことができる学習問題を設定することで，見通しをもつことができるようにする

毎時間，見通しをもって取り組むことができるよう，調べる対象が明確になる，単元を見通すことができる学習問題を設定する。その学習問題から，これから何を学んでいくのか見通しをもち，自分から問いについて調べていくことができるようにする。

② 自らの学びを振り返り，次の学習に生かすようにする

自らの学びを振り返るため，毎時間振り返りの時間を設定する。そこでは，自分が「分かったこと」「思ったこと（疑問も含む）」を残していくことで，毎時間の学習が後の学習につながっていることを実感できるようにする。

また，その振り返りを次時で全体化することで，子ども同士が考えを伝えたり，聞いたりする時間をとる。そこから，新しい考え方をもったり，自分の考えを深めたりすることができるようにする。

2 「見方・考え方」を働かせた深い学びの実現

① 時間の経過や地理的環境に着目して追究できるようにする

箱根山（大涌谷）の火山の年表からどのように入場制限がかかったのか，そしてどこの範囲が制限されているのかという点に着目し，火山の対策に関して誰がどのようなことをしているのかという疑問をもてるようにする。

② 関係機関の活動や働きを関連付けて考えられるようにする

箱根山（大涌谷）の火山の対策では，国と箱根町・火山防災協議会を中心に扱うことでそれぞれの働きを考えられるようにする。国の出す噴火情報，そしてそれを受けて自衛隊が動き，さらに箱根町・火山防災協議会が警察，消防，地域の住民と連携をとりながら人々を火山の被害から守ろうとしている働きをとらえられるようにする。

③ 地域の一員としての関わりを選択・判断できるようにする

「災害発生時には，公助に頼るだけでは限界がある」という事実に着目する。そこから自分自身は何ができるのだろうという視点で，地域の一員としてできることを考えていくことができるようにする。

資料等

名前（　　　　　　）

月　日

分かったこと

思ったこと・ぎもん

月　日

分かったこと

思ったこと・ぎもん

子どもが毎時間活用した振り返りのワークシート

噴火が起きた時のひなんくんれん

おおわく谷の近く　※2015 年から開始

- 防災無線やサイレンやメールなどを使って，おおわく谷の近くの人に知らせる。
- 警察や消防が，人々をひなんさせるために出動する。
- ロープウェイなどを使ってひなんする。

箱根町　※2017 年から開始

- 防災無線やサイレンやメールなどを使って，まちの人に知らせる。
- 警察や消防が，人々をひなんさせるために出動する。
- 集合場所に集まり，遠くにひなんする。
- 遠くにひなんするためにバスも使う。

避難訓練の流れ

7 本時の展開（7/8時）

1 目標

これまで調べてきたことを整理して，学習問題を振り返り，箱根山（大涌谷）の火山災害についての国や箱根町・火山防災協議会や地域の住民の協力などをまとめ，災害から人々を守る活動の働きやそのことに対する自分の考えをまとめ，表現できるようにする。

2 展開

主な学習活動（・予想される児童の反応）	□資料　○留意点
火山の被害から人々を守るために，だれがどのようなことをしているのだろう。	
1　学習問題に対する自分のまとめや考えを発表し合う。 ・国が噴火警戒レベルを決めていることで，住民は避難する範囲が分かる。 ・自衛隊も噴火の大きさに応じて，すぐ出動できるようにしている。 ・箱根町が防災無線やメールを使って，地域の人たちが安全に避難できるように呼びかけている。 ・国や箱根町など様々な人たちが連絡を取りながら協力をしている。 ・火山ガスをいつも観測することで，噴火の危険を知らせようとしている。 ・火山防災協議会で噴火のハザードマップを作り，避難訓練を呼びかけている。 ・地域の住民も避難訓練に参加することで，普段から備えをしている。 ・地域の住民たちも勝手に行動するのではなく，情報を得て行動することが大切。 ・自分たちでできることは行っていくという考えが大切。	○既習の資料を再活用し，まとめができるようにする。 □表「噴火警戒レベル」 ○国が噴火の度合いに応じて，噴火警戒レベルを決めたり，噴火警報を出したりすることで，関係する人々が避難の範囲を想定できるようにしていることを思い起こす。 □地図「箱根山の噴火警戒レベルによる入場規制」 □写真「火山ガスを観測する様子」 □表・文章「箱根山（大涌谷）火山避難計画」 ○国の噴火情報の発信に伴い，それに応じて自衛隊が動いたり，箱根町が関係する人々にメールや防災無線を行ったりすることを思い起こす。
2　振り返りを行う。	○そこから分かったこと，考えたことをノートに書いて，発表するよう声がけをする。
3　次時の見通しをもつ。 ・自分たちにできることは何だろう。これから考えていきたい。	□地図「学区のハザードマップ」 ○自分たちのまちで想定されている自然災害について見通しをもてるようにする。

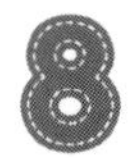

子どもの学びの様子

1 第６時の学習活動と児童の学習感想から

① 噴火に対する避難訓練の方法から関係機関の協力をとらえる

第６時では，火山防災協議会が作成した火山に対する避難訓練を調べることを通して，国，箱根町・火山防災協議会，警察，消防，地域の住民がどのように協力をしているのかをとらえるようにした。国が出す噴火情報をもとにして自衛隊が出動，そして箱根町が警察や消防や地域の会社とも連携して，地域の住民や観光客をロープウェイに乗せて避難する，またはバスを使って避難するということをとらえた。

② 子どもの振り返りから（分かったこと，思ったこと）

> 地域の住民は避難訓練を行うことで，箱根町からの情報を得る方法や避難の仕方を知ることができる。そのようにいろいろな備えをしていることがわかった。自分たちも（災害に対する）備えをしたい。

と，備えの重要性について考え，さらに自分たちも備えをしていく必要性を少しずつ感じるようになっていた。

2 第７時の学習活動と児童の学習感想から

① 既習の内容を活用して学習問題を解決する（まとめる）

第７時では，設定した学習問題に対する一定の解をまとめる活動を行った。既習内容から，国，箱根町・火山防災協議会，警察，消防，地域の住民などそれぞれにどのような役割があるかを考えるようにした。また，そこからそれぞれの機関がつながっていて協力をしているということがとらえられるようにした。

② 子どもの振り返りから（分かったこと，思ったこと）

> ○たくさんの人が協力することが大切で，細かいところまで決めておく必要がある。
> ○地域の人もそうだし，自分にもできることがたくさんあるということがわかった。
> ○国も地域の人も一人一人の安全のために行動している。自分もできることをしないといけないと思う。

と，関係諸機関が協力することにより被害を減らそうとしていること，さらにその対策について地域の住民，つまり自分たちも協力していくことが必要であるということを考えていた。第７時の学習活動によって，自然災害に対して地域の一員としてできることに協力しようとする意識がさらに高まったと言える。第８時の「自然災害に対して自分たちができることは何だろう」につながる１時間であった。

9 実践のまとめ

1 子どもの姿から

①「自然災害に対して自分たちができることは何だろう」―選択・判断の振り返りから―

自然災害の学習を始めるときは，災害はただ恐いとしか思っていなかった。今も災害は恐いけれども，対策をすることが大切ということを学んだ。

家族に相談をしておく，県の取組を知っておく，ハザードマップを見ておくなど，あらためて自分たちができることはたくさんあるということに気づいた。これから行っていきたい。

というように，自然災害の恐さは認識しつつも，減災に向けて自分たちができることもあるのだという点に気づくことができていた。

② 振り返りを行うことの大切さ

本実践では，「分かったこと，思ったこと」を毎時間書いた。そのことにより，学習を通して新たに知ったことや，今まで考えていたこととは違う事実などに気づくことができた。また，そこから疑問も生じていて，調べていきたい対象がより具体的になる姿が見られた。

2 考察

① 導入の工夫

本実践では，単元の導入に火山が入場規制になるまでの動きを資料として提示したことで，誰がどうやって入場規制をかけているのか，入場規制を解くにはどうしたらよいのかなどという疑問が生じた。そこから，学習問題「火山の被害から人々を守るために，誰がどのようなことをしているのだろう」が成立した。子どもにとって学習内容が明確になる導入は大切であることが言える。

② 自分ごととしてとらえる選択・判断

子どもたちは火山の災害の学習をする中で，関係諸機関が協力していることをとらえていった。また，その関係諸機関が協力するだけではなく自分たちもできること（自助）をする必要があるという考えになっていった。ここから，自助を考えることが災害の被害を防ぐことにつながるという点に気づけるようにしていくことが大切である。

（杉本　敬之）

⑨ 時間の経過に着目して文化財や年中行事を保存・継承することの意味を考える事例

1 単元の目標

地域の文化財や年中行事について，現在に至るまでの経過，保存や継承のための取組に着目して調べ，人々の願いや努力を考えて表現することを通して，様々な願いが込められていることを理解できるようにするとともに，学習問題を主体的に追究しようとする態度や，地域の伝統や文化の保存，継承に関わりながら自分たちにできることを考え，協力しようとする態度を養う。

2 評価規準

知識・技能	思考・判断・表現	主体的に学習に取り組む態度
①地域の文化財が現在に至るまでの経過，保存や継承のための取組などについて，資料や見学に行ったり，聞き取り調査をしたりして必要な情報を集めて読み取り，文化財の様子について理解している。 ②調べたことを白地図や年表にまとめ，都内の文化財や年中行事は地域の人々が受け継いできたことや，それらには地域の発展など人々の願いが込められていることを理解している。	①地域の文化財が現在に至るまでの経過，保存や継承のための取組などに着目して問いを見いだし，文化財の保存や継承について考え，表現している。 ②文化財が現在に至るまでの経過を踏まえて，人々の願いを考えたり，これからの保存や継承について考えたりして，適切に表現している。	①都内の文化財や年中行事について，予想や学習計画を立てて主体的に学習問題を追究・解決しようとしている。 ②これからの都内の文化財や年中行事の保護のために都民の一人として何ができるかを積極的に考えようとしている。

単元の内容について

4年生では，広く都道府県に目を向けていく必要がある。そこで，単元の導入で東京都内にある文化財や年中行事について調べ，白地図にまとめたりして，都内には様々な文化財や年中行事があることを理解する。「調べる」では身近な文化財や年中行事について調べる。そして「まとめ」では都内の別な文化財や年中行事を取り上げて，再び「東京都」という視点に戻す。そして東京都の文化財や年中行事を保存・継承するための方法を考えられるようにする。身近な事例にとどまらず，東京都にまで視野を広げて学習するということが重要だと考える。

単元展開例

	○主な問い，学習活動・内容 ☆見方・考え方	□資料　◆指導の手立て 【　】評価の観点
つかむ	問い **東京都にはどのような文化財や年中行事があるのだろう。**（2時間） ☆資料から文化財や年中行事を分布図にまとめることで，範囲に着目して文化財や年中行事についてとらえる。 ○東京都の文化財や年中行事を調べ，位置や名称を白地図にまとめて，気がついたことを話し合う。	□資料・写真「文化財と年中行事」 ◆東京都の様々な場所に文化財や年中行事が昔から残っていることをおさえる。 【知①】
	問い **岩崎邸はどのような文化財なのだろう。**（1時間） ☆現在と過去の違いを比較してとらえる。 ○今の岩崎邸と120年前の写真を比べて気づいたことや疑問から，学習問題をつくり，予想し計画を立てる。	□写真「旧岩崎邸庭園」（以下，岩崎邸） ◆120年も経っていても建物に変化がないことに気づくようにする。 【思①】【態①】
	学習問題 **岩崎邸はどのようにして120年間も残されてきたのだろう。**	
調べる	問い **岩崎邸はいつ頃建てられたのだろうか。**（2時間） ☆岩崎邸の始まりや歴史的な背景に着目する。 ○岩崎邸が建てられた時代の背景と現在までの経過を見学して調べる。 ○調べたことを年表にまとめる。	□歴史年表 ◆年表に元号を使用して，昔からの経過が分かるようにする。 【知①】
	問い **岩崎邸はどのように守られてきたのだろうか。**（2時間） ☆地域の人々の文化財を守るための工夫や努力に着目する。 ○岩崎邸をごみ処理場にして守ろうとした地域の人の気持ちを考える。	□新聞記事「ごみ処理場に関すること」 □地域の人の話 □GT（地域の方）の話 □写真「イベントやボランティア」 ◆文化財を守ろうとした地域の人々の努力や願いを

	○岩崎邸の保存や，受け継いでいくための取組について調べ，地域の人の思いをまとめる。	考えるよう助言する。 【知②】
まとめる	 **東京都の文化財や年中行事を守っていくために，わたしたちにはどのようなことができるのだろうか。**（2時間） ☆岩崎邸と他の地域の年中行事を関係付けて，共通点を見つける。 ○他の文化財や年中行事について調べ，岩崎邸と同じように大切にされているということを考える。 ○文化財や年中行事を保存・継承していくために自分たちにできることを考える。	□自分でまとめた分布図 □写真「年中行事」 ◆他の年中行事も岩崎邸と同じ視点で調べることで，年中行事も文化財と同じように地域の人によって守られていることに気づくようにする。 ◆文化財や年中行事を保存・継承していくために，自分はどのように関わることができるか選択・判断できるようにする。 【思②】【態②】

5 指導上の工夫

1 主体的・対話的な学びの工夫

① 身近にあるもので意欲を高める

４年生の学習は地域から都道府県に視野を広げて学習していく。しかし，直接調べることが難しければ難しいほど，児童と学習対象に距離が生じると考える。そのため，実際に調べにいくことができる身近なものを具体例で取り上げることで，普段あまり関わりの少ない文化財や年中行事でも意欲的に取り組むことができるきっかけになると考える。

② 地域の方からお話を聞く

地域の方から文化財の保存・継承についてお話を聞くことで人々の努力を知ることができる。また，自分たちも実際に質問をすることで，地域の方から自分たちの知りたいことを聞くことができる。地域の方からお話を聞くことで，地域の一員という視点で自分の考えをもつことにつながると考える。

2 「見方・考え方」を働かせた深い学びの実現

① 文化財と年中行事の共通点を考える

文化財の事例を調べた後に年中行事についても調べる。その際に文化財を調べてきた視点で年中行事も調べるようにする。文化財と年中行事を関係付けることによって，文化財だけでなく年中行事も昔から大切にされており，地域の方が守り続ける努力をしているということを考えられるようにする。

② 自分の関わり方を考える

文化財や年中行事の保存について様々な人の立場に立って選択・判断したり，自分にはどのような協力ができるのかを考えたりする場面を設け，社会の活動に参加したり，協力したりする態度を育てるようにする。

実際の保存・継承のための取組について調べたことを生かして，自分が文化財や年中行事を守っていくためにどのようなことをしていくのか具体的に考えられるようにする。

6 資料等

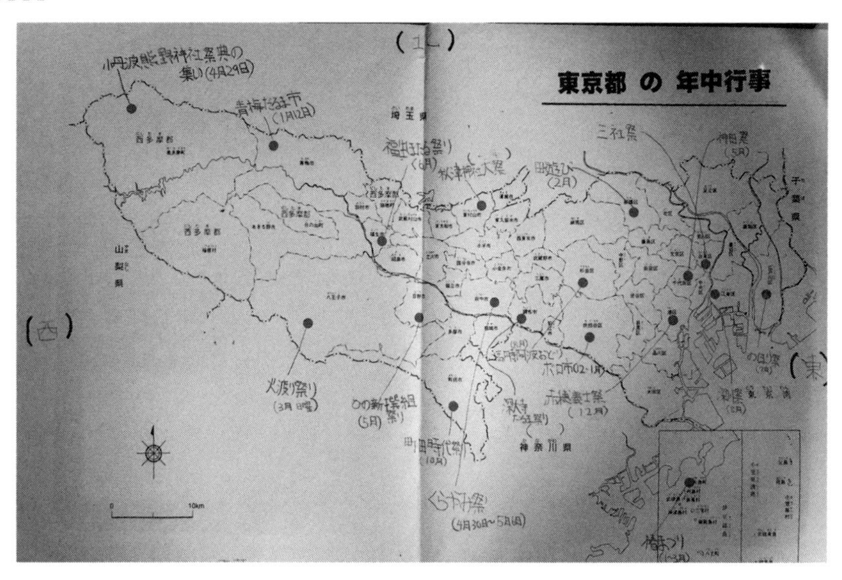

児童が作成した東京都の年中行事の分布図

時代	年代	所有者	出来事
江戸	天正18（1590）年	高田藩榊原家ほか	約280年間大名屋敷として使われる。
明治	明治6　（1873）年		
	明治11（1878）年	岩崎　弥太郎	岩崎弥太郎が土地、家を買い、住み始める。
	明治18（1885）年	岩崎　久弥	弥太郎が亡くなり、久弥（息子）の所有となる。
	明治26（1893）年		ジョサイヤ・コンドル氏の設計した建物の建設が始まる。
	明治29（1896）年		大邸宅と庭園が完成した。
大正	大正12（1923）年		9月1日　関東大震災。
	昭和20（1945）年		東京大空襲
		アメリカ軍	第二次世界大戦（戦争）後、和館・洋館がアメリカ軍に取り上げられる。
	昭和28（1953）年	日本政府	最高裁判所の研修所となる。庭の石や、園路がこわされ、グラウンドとなる。
	昭和30（1955）年		岩崎久弥が亡くなる。
	昭和36（1961）年		洋館・撞球室（ビリヤード場）が重要文化財に指定。
	昭和44（1969）年		最高裁判所の新しい研修所を建てるために、和館が大広間をのぞき、取りこわされる。
			大広間と洋館北面の袖堀が重要文化財に指定。
平成	平成3　（1991）年		岩崎家住宅の保存・修理工事が始まる。
	平成5　（1993）年	文化庁・大蔵省	最高裁判所研修所の移転が決まり、文化庁の所有となる。
			敷地の大部分は大蔵省に引きつがれ、新しい研修所のために売却計画がもちあがる。

調べる際に児童が資料として活用した岩崎邸の歴史年表

7 本時の展開（6/9時）

1 目標

岩崎邸が売却される話が持ち上がったときに，ごみ処理場にするという方法で守ろうとした地域の人の気持ちを考えることができるようにする。

2 展開

主な学習活動（・予想される児童の反応）	□資料　○留意点
1　**岩崎邸の年表を振り返り，庭を売却する案が持ち上がったことを知る。** ・文化財だけど使われていなかった。 ・どうやって岩崎邸は守られたのかな。	□写真「岩崎邸」 ○学習問題をつかむために，岩崎邸が危機的な状況にあったことを年表から読み取るように声をかける。
だれがどのようにして，岩崎邸を守ろうとしたのだろう。	
2　**学習問題について予想する。** ・利用しなくなっていたから，みんなで使うように考えた。 ・イベントなどを開いて使うようにした。	○どのようなことをして救ったか，具体的な方法を考えるように声をかける。
3　**当時の台東区の様子を考え，グループで新聞記事から岩崎邸を守るための案を読み取る。** ・ごみ処理場にしようとしていたんだ。 ・でもそれって守ることなのかな。	□当時の新聞記事 ○岩崎邸を救った方法を知るために，簡略化した新聞記事を提示する。
4　**ごみ処理場にしてまで，岩崎邸を守ろうとした地域の方の気持ちを考える。** ・ごみ処理場にして台東区のものにしようとするぐらい，岩崎邸を守りたいと思っていた。 ・誰も使わないままでいるよりは，ごみ処理場にしてでも，岩崎邸を残したい。	○地域の方の文化財を守りたい気持ちを深く考えられるようにグループで話し合いながら，考えをまとめるようにする。
5　**地域の方の話を聞く。**	□地域の方のお話（録音） ○当時の地域の方の気持ちを知るために，音声を聞かせる。
6　**本時のまとめをする。** ・文化財を守ろうとした人の苦労や思いがあったから，岩崎邸は今まで守られてきた。	○具体的なまとめとなるように，文化財に対する思いを入れながら，まとめるように声をかける。
7　**学習の振り返りをする。**	○さらにこの後はどのように守られていったのか，疑問をもてるような声がけをする。

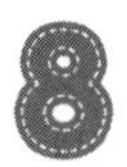

子どもの学びの様子

1 第６時の学習活動と児童の学習感想から

第６時では，文化財を地域の人が守ったことを調べ，地域の人がなぜそこまでして守ろうとしたのかを考える活動を行った。

地域の人の努力に気づき，自分も文化財の保護に携わろうとする反応

> 地域の人は岩崎邸のことをとても心配していたとわかりました。そして岩崎邸のことを守ろうと地域の大勢の人が努力をしていたとわかりました。これからも岩崎邸を大切に守っていきたいです。

歴史的背景と地域の人の努力を関連付けて考えている反応

> 地域の人たちに良いことをしたからこそ，ごみ処理場をつくってでも守りたいということを考える地域の人がいるのだなと思いました。地域の人が努力して守った岩崎邸を，多くの人に見てもらいたいです。

2 第９時の学習活動と児童の学習感想から

第９時では，文化財や年中行事を守るために自分たちにできることを考える活動を行った。

① 文化財を保護することの意味を考えた反応

具体的な取組としては，「岩崎邸の掃除をして岩崎邸を守っていきたい。なぜなら地域の人たちは岩崎邸を守ってきた人たちだから自分たちも清掃活動をやる」と考えている。そして保護する取組が，文化財と歴史を未来につなげていくことになると気づくことができた。

また，これまで実際に清掃活動に取り組んでいた児童は，意味をもたずに活動していた。しかし地域の方のお話を聞いたことで，次は「目的を考えながら取り組みたい」と，自分の取組が文化財を守ることにつながっていたと分かる反応が見られた。

② 岩崎邸のセンター長の話をもとにして考えている反応

具体的な取組として「清掃活動や家族に伝えることができると思う。文化財の大切さを理解してほしいし，守っていくという気持ちをもってほしい」と考えている。この児童は身近な人に知ってもらうことが大切だと考えている。これは調べ学習を行ったときの，センター長のお話の内容がもとになっていると考える。

9 実践のまとめ

1 子どもの姿から

① 児童に身近なものを取り上げる

文化財や年中行事は児童にとって，普段関わることの少ないものであると考える。しかし，実際に見学に行きインタビューをすることで児童と文化財や年中行事との距離が縮まると考えられる。距離が縮まると，「自分にできること」を考える際に具体的な取組を考えることができる。

② 地域の方々の生の声を聞く

本単元では２回地域の方のお話を聞くように設定した。第６時の文化財がなくなるという危機を守ったときの地域の方のお話と，第７時の守るための清掃活動に取り組んでいる方のお話である。地域の方のお話を聞くことで，地域の方の生の願いや思いに触れることができ，それが「自分たちも守っていこう」と参加しようとする意欲につながった。

2 考察

① 文化財と同じ視点で年中行事を調べる

文化財を調べた後に，年中行事について調べる展開にした。そこでは，文化財同様に「歴史的背景」「継承」「努力」「願い」という視点で調べていくようにした。そうすることで，年中行事も文化財と同じように地域の人に愛されていることをとらえ，文化財も年中行事と同じように守り続けることが大切だと考えることができた。

② 文化財と年中行事を守り続けるために

単元の最後には自分たちにできることを考えた。文化財や年中行事を守り，続けられるようにするには，子どもたちの力では大きなことをすることは難しい。そのため「今の自分にできること」として考えるようにした。地域の方から話を聞いていることが効果的だったため，文化財を身近に感じながら具体的な取組を考えることができていた。

（大下　尚子）

10「いつ」「だれが」「なぜ」「どうやって」の問いにより情報を整理して考える事例

1 単元の目標

地域の人々が受け継いできた年中行事について，その歴史やいわれ，保存や継承に関わる人々の働きや願いを調べて，地域の年中行事を受け継いでいくことの意味を考えることを通して，年中行事には地域の発展を思う人々の願いがあることを理解できるようにするとともに，主体的に学習問題を追究・解決しようとする態度や，地域社会の一員として年中行事を受け継いでいくためにできることを考えようとする態度を養う。

2 評価規準

知識・技能	思考・判断・表現	主体的に学習に取り組む態度
①歴史的背景や現在に至る経過，保存や継承のための取組などについて，見学・聞き取りを通して必要な情報を集めて読み取り，地域の年中行事の様子を理解している。 ②調べたことを整理して，効果的にまとめ，県内の文化財や年中行事は，地域の人々が受け継いできたことや，それらには地域の発展など人々の様々な願いが込められていることを理解している。	①歴史的背景や現在に至る経過，保存や継承のための取組などに着目して問いを見いだし，地域の年中行事の様子について考え，表現している。 ②地域の年中行事を受け継いできた人々の努力と地域の人々の願いを関連付けて，年中行事を受け継いでいくことの意味を考え，適切に表現している。	①地域の年中行事について，予想や学習計画を立てて学習問題を主体的に追究・解決しようとしている。 ②学習したことをもとに，県民の一人として県内の文化財や年中行事を受け継いでいくために協力できることを考えようとしている。

単元の内容について

この単元では，年中行事については，県内に昔から伝わる地域の人々が受け継いできたお祭りなどを取り上げる。見学・聞き取りを行う際には，祭りなどの保存や継承に関わる人々から，歴史的背景，保存や継承のための働きなどを直接聞くことで，年中行事に込められた地域の人々の願いが具体的に理解できるようにする。

また，地域の人々が受け継いできた年中行事を今後も受け継いでいくために，自分たちができることを考えたり選択・判断したりして，地域社会に対する誇りと愛情を養うことができるように配慮する。

単元展開例

	○主な問い，学習活動・内容 ☆見方・考え方	□資料　◆指導の手立て 【　】評価の観点
つかむ	**問い わたしたちが住む地域には，どのようなお祭りがあるのだろうか。**（2時間） ☆位置や空間的な広がりに着目してとらえる。 ○自分が住む県や市で行われているお祭りについて，知っていることを発表する。 ○自分が住む学区や，その近くで行われているお祭りについて，知っていることや疑問に思うことを出し合い，学習問題をつくる。	□地図「県の地図」「市の地図」 □写真「お祭りの様子の写真」 ◆生活経験をもとに発表させることで，自分が住む県や市に目を向けて昔から伝わるお祭りを考えることができるようにする。
	学習問題 地域に伝わる神社のお祭りはどのようにして行われてきたのか。	
	○学習問題に対する予想をもとに，学習計画を立てる。 ・いつから伝わるのか？（歴史） ・誰が，なぜ行っているのか？（人・理由） ・見学やインタビューをして調べよう。	◆歴史・人・理由・方法に着目して予想できるようにする。 ◆自分が住む地域について調べるため，実際に見学・聞き取りをして調べることができることをおさえる。 【思①】【態①】
調べる	**問い 地域に伝わる神社のお祭りはどのようなお祭りなのだろうか。**（1時間） ☆時期や時間の経過に着目してとらえる。 ○お祭りの歴史や，現在のお祭りの様子などについて調べる。 ○現在，お祭りを行っているのはどのような人なのかについて調べる。	□資料「神社の歴史とお祭りの様子」 □映像「神社のお祭りの様子」 ◆神社の歴史とお祭りの様子から，お祭りの概要をとらえることができるようにする。 【知①】
	問い なぜ神社のお祭りを伝えているのだろうか。（2時間） ☆事象や人々の相互関係に着目してとらえる。	◆お祭りの保存会の方をゲストティーチャーに招き，お祭りの歴史や理由，誰がどうやって受け継いできたのかなどを話してもらうようにする。

	○神社に出かけて，お祭りが行われている場所やお祭りで実際に使われている道具を見学する。 ○お祭りの保存や継承に取り組んでいる方に会って，誰がどのように受け継いできたのかなどの話を聞く。	【知①】
まとめる	 **地域に伝わる神社のお祭りはどのようにして行われてきたのだろうか。**（１時間） ☆人々の願いと関連付ける。 ○学習問題を振り返り，「いつ（歴史）」「だれが（人）」「なぜ（理由）」「どうやって（方法）」の項目ごとに，分かったことを整理してまとめる。	◆調べて分かったことを，各自が項目ごとに学習計画表にまとめる。その後，学級全体でまとめるようにする。 ◆調べて分かったことを整理して，お祭りがどのようにして行われてきたのかをまとめるようにする。 【知②】
	 **神社のお祭りは，これからも伝えられていくだろうか。**（１時間） ○お祭りが今後も伝えられていくかどうかについて考え，その理由を発表する。 ○お祭りの保存会の方からのビデオメッセージを視聴する。	□映像「お祭りの保存会の方からのビデオメッセージ」 ◆ビデオメッセージでは，お祭りの今後の課題と，地域の人々でお祭りをもっと盛り上げたいという願いを話してもらう。 【思②】
いかす	 **地域に伝わる神社のお祭りをこれからも伝えていくためには，どうしたらよいのだろうか。**（１時間） ○お祭りをこれからも伝えていくための方法について話し合う。 ○話し合いで出された方法の中から，自分にできることをまとめる。	◆お祭りの保存会の方のお祭りを大切にする思いや，地域を盛り上げたいという願いを振り返り，これからもお祭りを伝えていくための方法について話し合うようにする。 ◆話し合いで出された方法から，自分にできることを考えるようにする。 【態②】

5 指導上の工夫

1 主体的・対話的な学びの工夫

① 主体的な学びにつながる学習計画表の活用

子どもが主体的に学ぶことができるようにするためには，学習の見通しをもつことができるようにする必要がある。そのために，「学習問題」「追究のめあて」「調べて分かったこと」が一目で分かる学習計画表を活用する。分かったことを学習計画表に記入していくことで，学習がどこまで進んだのか，次に学習することは何か，ということを子ども自身が把握しながら学習問題を追究していくことができるようにする。

② 対話的な学びにつながる地域の方に話を聞く活動

地域の年中行事について学習するこの単元では，地域の方に会って直接話を聞くことが対話的な学びにとって必要である。そこで，お祭りの保存会の方に直接会って，お祭りに対する思いや願いを聞くようにする。そうすることで，地域の人々の願いや働きを，実感をもって理解することができる。また，学習問題の解決後にビデオメッセージで登場していただき，お祭りの課題や地域を盛り上げたい思いなどを話していただくことで，年中行事を受け継いできた人々の願いをより理解することができるようにする。

このようにして，自分が住む地域の人との対話を通して学習を進めていくことで，地域に伝わる年中行事を受け継いでいくためにできることを考えることができるようにする。

2 「見方・考え方」を働かせた深い学びの実現

この単元では，地域に昔から伝わる年中行事を「位置や空間的な広がり」「時期や時間の経過」「事象や人々の相互関係」の３つの視点でとらえられるようにする。そのために，自分が住む学区とお祭りが行われている場所の関係を知ったり，お祭りの歴史や誰がどのようにして受け継いできたのかを調べたりする。

次に，知ったり調べたりして分かったことを学習計画表に，歴史・人・理由・方法に分けて整理してまとめるようにする。そのうえで，地域の人々の願いと関連付けてお祭りが受け継がれてきたのはなぜかを考えることで，「社会的事象の見方・考え方」を働かせながら知識を相互に関連付けてより深く理解した「深い学び」の実現につながるようにする。

資料等

【学習計画表】地いきに古くから伝わる神社のお祭りについて

学習問題

学習問題の答えの予想

調べること①	調べること②	調べること③	調べること④
を調べる			

分かったこと①	分かったこと②	分かったこと③	分かったこと④

学習問題の答え

子どもが見通しをもって追究に取り組むための学習計画表

地いきに伝わる神社のお祭りを伝えていくために

自分にできることを考えよう

【できること】 と 【そう考えた理由】

地域の一員としてできることを考えるためのワークシート

7 本時の展開（7/8時）

1 目標

地域に伝わるお祭りが今後も伝えられていくかどうかについて話し合うことを通して，お祭りを伝えていくためにどうしたらよいのか考えることができるようにする。

2 展開

主な学習活動（・予想される児童の反応）	□資料　○留意点
1　学習問題についてまとめる。 まとめ「昔から先祖代々受け継がれたお祭りを，地域，神社，保存会の方が伝統を大切にして地域を盛り上げたい思いで行っている。」	□写真「お祭りの様子」 ○「いつ（歴史）」「だれが（人）」「なぜ（理由）」「どうやって（方法）」を振り返りながら，前時に考えた学習問題のまとめをクラスで出し合い，まとめる。
神社のお祭りは，これからも伝えられていくだろうか。	
2　お祭りが今後も伝えられていくかどうかについて話し合う。 ・守り伝える人がいるから続いていく。 ・お祭りの踊りは一度なくなっているから「絶対に続いていく」とは言えない。 ・伝統のあるお祭りなので，これからも続いていってほしい。	○お祭りの歴史や伝統，保存会の方の思い，踊りが一度なくなってしまったことを踏まえたうえで，子どもの思いを発表できるようにする。
3　保存会の方からのビデオメッセージを視聴する。 ・「みなさんの協力が必要です」と言っていたのを聞いて協力したいと思った。 ・「一緒にお祭りを伝えていきましょう」を聞いて，自分も何かしたいと思った。	□映像「お祭りの保存会の方からのビデオメッセージ」 ○ビデオメッセージでは，お祭りの今後の課題と，地域の人々でお祭りをもっと盛り上げたいという願いをもっていることを話してもらう。
4　お祭りを伝えていくためにどうしたらよいのか考える。 ・大切にする気持ちをもち続けるといい。 ・お祭りの歴史やよさを人に伝えるといい。 ・お祭りを知らない人に紹介するといい。	○お祭りを伝えていくための方法を考え，そう考えた理由とともにワークシートにまとめる。

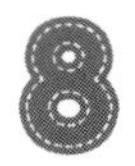

子どもの学びの様子

1 第６時の学習活動と児童の学習感想から

第６時では,「いつ（歴史)」「だれが（人)」「なぜ（理由)」「どうやって（方法)」の項目ごとに，調べて分かったことを整理し，学習問題について考えをまとめた。その結果，地域の発展を思う人々の願いと，地域の人々の働きによって年中行事が受け継がれていることを理解した記述が見られた。

> 100年以上前に始まったお祭りがなくなりそうになったのを，ほぞん会の方や地いきの人が協力して伝えたから，完全になくなることなく今まで続いてきています。お祭りのおどりは一度なくなったけれど，昔から大切にされてきたものをふっ活させて，もう一度伝えていきたいと思っている人がいて今も続いています。

> 昔から伝わっているお祭りのはじまりを知っておどろきました。お祭りのおどりは一度なくなってしまいましたが，地いきの人たちの協力で元にもどりました。おどりを元にもどした人が「先ぞがのこしたものを大切に伝えていきたい」と言ったのを聞いて，昔から続くお祭りを守り伝えていくことはとても大切なことだと思いました。

2 第８時の学習活動と児童の学習感想から

第７時で見たお祭りの保存会の方からの「地域のみんなでお祭りを盛り上げていきたい」というビデオメッセージを受けて，第８時ではこれからもお祭りを伝えていくためにどうしたらよいか話し合った。そのうえで，自分にできることを考えたことで，地域の一員としてお祭りを受け継いでいくためにできることを考えることができた。

> お祭りをこれからも守り伝えていくために，わたしは他の地区の友達にお祭りのことを教えたいです。そうしたら，その友達が他の人に伝えてどんどん広がっていき，たくさんの人が知ってお祭りがもっともり上がると思うからです。

> お祭りをこれからも守り伝えていくために，家族や友達にお祭りのことを伝えて，お祭りによびたいと思いました。お祭りの大切さを知ってもらって大切だと思ってもらって，みんなで受けついでいけたらいいと思うからです。

学習を終えて，最後に感想を書いた。昔から伝わる地域のお祭りを受け継いでいくためにできることをしようとする態度が養われたことが，子どもの記述から分かる。

> どうして昔からお祭りが行われているのか考えて，そうなんだと思うことがたくさんありました。先ぞが大切にしてきたお祭りを元にもどして地いきをもり上げたいという思いがあるのがわかって，自分もこのお祭りを守り伝えたいと思いました。そのためには，みんなでどうしたらいいか考えて，協力していければいいと思います。

9 実践のまとめ

1 子どもの姿から

社会的事象の見方・考え方を働かせて，地域に伝わるお祭りがどのようにして行われてきたのか考えることで，地域の人々の願いや働きについて理解することができた。

> 実さいに神社に行って，お祭りにかかわる人から話を聞いて，どれほど大切なのかを知って，いつ，だれが，なぜ，どうやっての意味がわかりました。神社のお祭りの知らなかったことをいろいろ知れてよかったです。ビデオメッセージを見て，お祭りをなくさないためにはどうしたらいいのかを考えたら，お祭りの大切さをもっといろいろな人に知ってもらいたいと思いました。

また，学習の最後の感想からは，社会的事象の見方・考え方を働かせてとらえたことを生かして地域の人との対話を行ったことで，地域に伝わるお祭りを受け継いでいくためにできることを考えることができ，地域社会に対する誇りと愛情を養うことができたことが分かる。

> 今回の学習で神社にお祭りがあることを知って，今まで伝とうを生かして伝わっているから，もっと続けていきたいと思いました。お祭りのほぞん会の方のメッセージビデオを見て，いろいろなことに協力したいし，自分にできることをしてお祭りを広め，この地いきをもり上げたいと思いました。この先どうなるかわからないけれど，今まで続いてきた伝とうがもっと続いていってほしいと思います。

2 考察

子どもは，年中行事を受け継ぐ人々の願いや働きを理解し，年中行事を受け継いでいくことの意味と，そのために自分にできることを考えることができた。これは，地域に伝わるお祭りを取り上げ，地域の人との対話を通し，見通しをもって学習に取り組んだことや，地域の人との対話を子どもの理解の深まりに合わせて話してもらうことを明確にして設定したことが要因であると考える。

「社会的事象の見方・考え方」を働かせながら知識を相互に関連付けてより深く理解する「深い学び」の実現のためには，「位置や空間的な広がり」「時期や時間の経過」「事象や人々の相互関係」の３つの視点を位置付け，そこから分かったことを地域の人々の願いと関連付ける学習過程を組むことが必要である。そのためには，取り上げる教材を教師自身がそれぞれの視点からとらえ，子どもに提示する資料や問いを計画しておくことが重要であると考える。

（梅村　元）

▶▶県内の特色ある地域（地場産業）―小田原蒲鉾の伝統を支える人々―（全10時間）

11 「人々の協力関係」に着目して地域の特色を考える事例

1 単元の目標

伝統的な技術を生かした地場産業が盛んな地域について，人々の活動や産業の歴史的背景，人々の協力関係などに着目して，地図帳や各種の資料で調べて年表などにまとめ，その地域の特色を考え，表現することを通して，伝統的な技術を生かした地場産業が盛んな地域では，人々が協力し，特色あるまちづくりや観光などの産業の発展に努めていることを理解できるようにするとともに，学習問題を主体的に追究・解決しようとする態度を養い，県内の特色ある地域のよさに関心を高めるようにする。

2 評価規準

知識・技能	思考・判断・表現	主体的に学習に取り組む態度
①人々の活動や産業の歴史的背景，人々の協力関係などについて，資料や関係者の話などで調べて，特色ある地域の様子を理解している。 ②調べたことを白地図やノートなどにまとめ，伝統的な技術を生かした地場産業が盛んな地域では，人々が協力し，特色あるまちづくりや観光などの産業の発展に努めていることを理解している。	①人々の活動や産業の歴史的背景，人々の協力関係などに着目して問いを見いだし，特色ある地域の様子について考え，表現している。 ②伝統を支える人々の活動や産業の歴史的背景と人々の協力関係とを関連付けて，地域の特色を考え，適切に表現している。	①県内の特色ある地域について，学習計画や予想を立てて学習問題を主体的に追究・解決しようとしている。 ②県内にある特色ある地域のよさを考えようとしている。

3 単元の内容について

本提案では，伝統的な技術を生かした地場産業が盛んな地域として，神奈川県小田原市の地場産業「小田原蒲鉾」について学習していく。まずは，地域の位置や特色ある自然環境，産業が発展した歴史的背景をとらえられるようにする。そして，Y蒲鉾店の代表取締役であり「神奈川県ものづくりマイスター」にも認定されているUさんと出会い，その技術や職人としての思いに触れることを通して学びを深めていけるようにする。さらに，小田原蒲鉾協同組合，市役所観光課との協力関係に着目することで，地場産業に携わる人々が支え合いながら特色あるまちづくりや観光などの産業の発展に努めていることに気づいていけるようにする。

4 単元展開例

	○主な問い，学習活動・内容 ☆見方・考え方	□資料　◆指導の手立て 【　】評価の観点
つかむ	問い **小田原市ってどんなまちなんだろう。**（2時間） ☆全国の蒲鉾の名産地に目を向けることで位置や空間的な広がりをとらえる。 ○小田原市について調べてきたことを伝え合う。 ・小田原には長い間つくられているものがたくさんあるよ。提灯に寄木細工，蒲鉾も。 ・小田原市は海に囲まれているなど地理的な特徴が蒲鉾づくりに向いているんじゃないかな。	□写真「小田原駅前の様子」 □図表「全国蒲鉾品評会で『農水大臣賞（最高の賞）』を受賞したまち」 ◆事前に小田原市についての情報を集めておくようにしておく（箱根駅伝のルートをもとに取り上げるまちを考えていけるようにする）。
	学習問題 **小田原市ではどうしてこんなに「蒲鉾づくり」が盛んなのかな。**	
	・小田原宿や小田原城などの歴史とのつながりがあるんじゃないかな。 ・どんな人が蒲鉾をつくっているか知りたいな。	◆位置や共通する特徴に着目するなどしながら全国における蒲鉾の名産地を見ていけるようにする。 【思①】【態①】
調べる	問い **小田原市の自然環境や地形は，蒲鉾づくりと関係あるのかな。**（1時間） ☆横浜市と比べながら小田原市の位置や特徴をとらえる。 ○調べてきたことや小田原市の航空写真から，小田原市の地理的な特徴をつかむ。	□小田原市の航空写真 ◆長い海岸線や2つの大きな川に挟まれていること，また，小田原宿や小田原城，昔の漁港と「蒲鉾通り」の位置に気づけるようにする。 【知①】
	問い **小田原宿や小田原城は，蒲鉾づくりとつながりがあるのかな。**（1時間） ☆小田原の歴史と蒲鉾の名産地になるまでのつながりを時間的な経過に着目してとらえる。 ・小田原宿を通る大名たちに大人気で職人たちの技術も上がっていったんだね。	□年表「小田原蒲鉾のあゆみ」 □写真「小田原城や小田原宿」 【知①】

１本1917円?!　農林水産大臣賞を２度も受賞したＹ蒲鉾店さんは，どのように「蒲鉾づくり」をしているのかな。　（２時間）

- 28人の力で多いときは１日10000本もつくっているんだね。

○Ｙ蒲鉾店・Ｕさんによる蒲鉾づくり体験を行う。

- Ｕさんの板付けの技術はすごいなぁ。

□Ｕさんの話「Ｙ蒲鉾店のこだわり」
□映像「Ｙ蒲鉾店の工場の作業の様子」
◆Ｙ蒲鉾店の作業の様子から，各々の作業が分担されていたりこだわりの技術が継承されたりしていることをとらえるようにする。
【知①】
□Ｕさんが使っている道具
□Ｕさんの話「他店に負けないこだわり」

板の裏に書いてあった「小田原蒲鉾協同組合」って何だろう。　（１時間）

☆協同組合の働きを相互の協力関係に着目してとらえる。

- ライバルのお店が協力し合うことのよさってどんなことなのかな。

□小田原蒲鉾10か条
□小田原蒲鉾協同組合年間活動

小田原蒲鉾協同組合の仕事内容（2017年度）

四月	五月	六月	七月	八月	九月	十月	十一月	十二月	一月	二月	三月
・技術講習会 ・月例会（年間の活動の振り返り，予算がどのように使われたのかの確認）	・技術講習会 ・月例会２回（１年間の活動計画。予算をどのように使っていくかの話し合い等）	・技術講習会　・月例会 「かまぼこ通り活性化協議会（かまぼこ通りにある梅干し屋さんやひもの屋さんとの話し合い）」	・技術講習会　・月例会 ・小田原の魚ブランド化協議会参加（魚市場，ひもの屋，漁師，市役所の方々と）	・技術講習会 ・月例会（「お気に入りのかまぼこを探せ！」企画）	・技術講習会 ・月例会 ・「お気に入りのかまぼこを探せ！」運営（９月28日～10月31日）	・技術講習会 ・月例会（11月15日「かまぼこの日」に向けてパンフレット作成・配布）	・技術講習会 ・月例会（11月15日「かまぼこの日」に向けてＰＲ・キャンペーンの確認）	・技術講習会　・月例会 ※正月に向けてどのお店も大量生産	・技術講習会 ・全国蒲鉾品評会に向けての話し合い ・月例会（小田原かまぼこ桜まつりの計画書をもとに話し合い）	・技能検定試験（２月６日） ・小田原かまぼこ桜まつり企画・ポスター作成 ・全国蒲鉾品評会（２月28日～３月２日）	・技術講習会　・月例会（年間のまとめ） ・小田原かまぼこ桜まつり（３月30日・31日）

【知①】【思①】

「他のお店には負けない」こだわりをもっているＵさんが，技術講習会で他のお店の人たちに技術を教えているのはどうしてだろう。　（１時間）

（p.165参照）

□Ｕさんの言葉「みんなでいいものつくって，他との違いを出していくことが一番じゃないかなと思いますね」
□図表「12店それぞれのオリジナル蒲鉾」
◆12店が力を合わせて「小田原蒲鉾」の伝統・技術の継承や活性化を目指していることをとらえるようにする。
【思①】

Ｕさんや蒲鉾協同組合のお店の人たちがいれば「小田原蒲鉾」のこれからも安心と言えるかな。　（１時間）

□小田原市役所地場産業観光課Ｈさんの話「我々の得意分野で『小田原の蒲鉾』が人気になるための取組をしています」
□小田原城前にある「社会実験中」のかまぼこ通りへの回遊を目的とした看板
【知①】【思①】

まとめる

「そして，小田原市の観光客は，実際に増えているのかな」
→学習問題に対する自分の考えをまとめよう。　（１時間）

☆小田原市のこれからの発展に目を向ける。

- 小田原市の蒲鉾はＵさんやＹ蒲鉾店だけでなく，様々な人たちが協力し合って，長い間「まちの名物」になっているんだね。

□小田原観光ビジョン
□小田原市の観光客増のグラフ
□３月に開催される「小田原かまぼこ桜まつり」のPRポスター
◆ＵさんやＨさんがこれから目指していくことや，自分がどのように今の思いを大切にしていけるかについて考えをまとめられるようにする。
【思②】【態②】

5 指導上の工夫

1 主体的・対話的な学びの工夫

① 本気の追究を支える共通体験

県内の特色ある地域を扱う本単元では，これまでの単元と比べ，距離的な隔たりを感じやすくなる学習内容になる。実物に触れたり，体験を通したりしながら職人の技術を肌で感じられるような教材との出合いを設定することが重要になる。本単元ではＹ蒲鉾店のＵさんを学校に招き「蒲鉾づくり体験出前授業」を行っていただいた。また体験にとどまることなく，そこから子どもが感じたことをもとに単元の山場へと向かっていけるようにした。

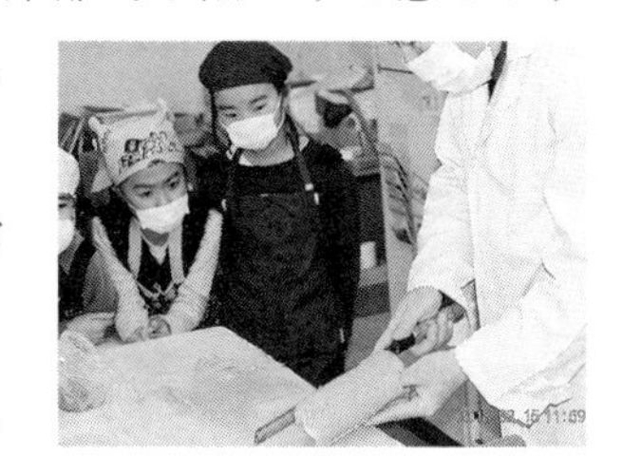

② 個を見取り，教師の出場を想定するための座席表指導案

話し合いの授業では，子どもの考えを見取ることを大切にした。子どもたちの考えを座席表にまとめ，適時適切に意図的な指名を行ったり，資料提示につなげたりすることを心がけるようにした。対話的な学びを生むために，「子どもの発言をつなぐ」教師の指導性を発揮していけるようにする。

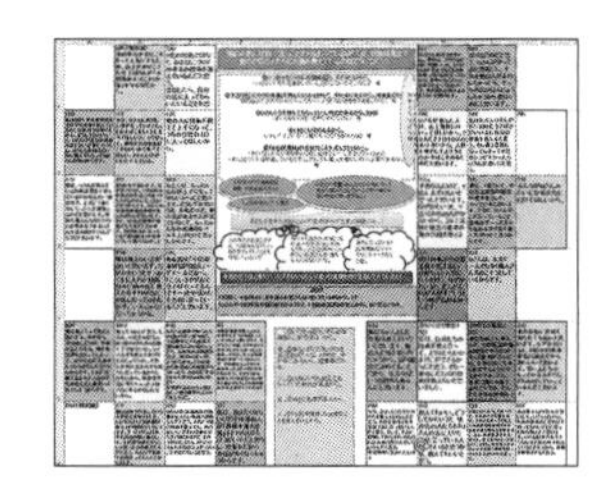

2 「見方・考え方」を働かせた深い学びの実現

① 子どもがどのような見方・考え方を働かせながら追究するかを想定して行う単元構想

子どもたちが毎時間の問いを通してどのような見方・考え方を働かせながら追究するかを想定することを大切にした。さらに３つの見方・考え方を働かせる場面を生むことにつながるような資料化にも工夫を凝らすようにした（次頁に詳しく提示）。

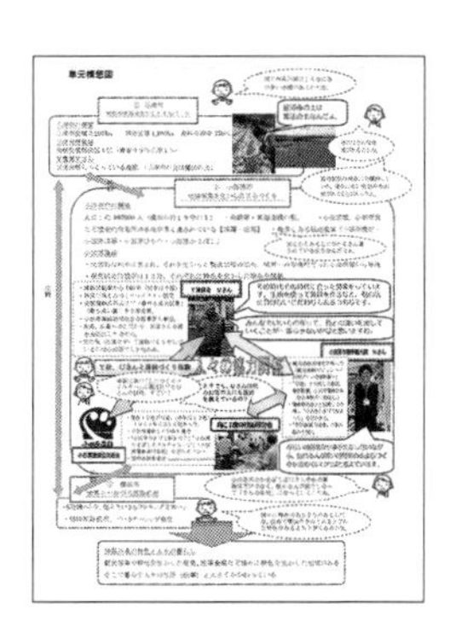

② 多角的な視点からまちの特色をとらえていけるよう着目する「人々の協力関係」

本単元では蒲鉾職人Ｕさんの営みにとどまらず，小田原蒲鉾協同組合や観光課Ｈさんとの「協力関係」に着目することを通して，多角的にまちの特色に迫っていくことを目指した。「蒲鉾が有名なまち」という短絡的なとらえで収束することなく，地場産業を支える人々の営みを通して学びを深めていってほしい。そして，同じ神奈川県に住む一員として，今後の小田原のまちの発展を願いながら，「自分はどのように関わっていけばよいか」を考えていけるような姿を期待したい。

資料等

○追究場面で活用した資料例─働かせる見方・考え方を意識しながら資料化─

《位置や空間的な広がり》

全国蒲鉾品評会

農林水産大臣賞（一番良い賞）を受賞した蒲鉾が作られた市

平成28年	神奈川県 小田原市	北海道 小樽市	新潟県 新潟市	東京都 目黒区	山口県 山陽小野田市	兵庫県 豊岡市
平成27年	神奈川県 小田原市	山口県 長門市	山口県 萩市	京都府 京都市	長崎県 五島市	宮城県 塩釜市
平成26年	東京都 中央区	神奈川県 小田原市	新潟県 新潟市	静岡県 焼津市	愛媛県 宇和島市	山口県 下関市
平成25年	熊本県 天草市	兵庫県 神戸市	愛媛県 宇和島市	佐賀県 小城市	長崎県 長崎市	兵庫県 姫路市
平成24年	神奈川県 小田原市	山口県 萩市	高知県 高知市	東京都 中央区	愛媛県 大洲市	高知県 須崎市
平成23年	神奈川県 小田原市	山口県 長門市	山口県 宇部市	静岡県 焼津市	福岡県 大牟田市	富山県 富山市
平成22年	宮城県 塩釜市	神奈川県 小田原市	大阪府 大阪市	山口県 長門市	山口県 防府市	沖縄県 石垣市
平成21年	神奈川県 小田原市	新潟県 新潟市	山口県 長門市	高知県 高知市	福岡県 柳川市	熊本県 熊本市

品評会で「農林水産大臣賞」を
獲得した全国の蒲鉾産地

全国に目を向けたとき，最も多いまちが「小田原市」であることに気づくことができる。「どうして小田原市ではこんなに蒲鉾づくりが盛んなのだろう」という単元の学習問題を生み出すことにつながった。

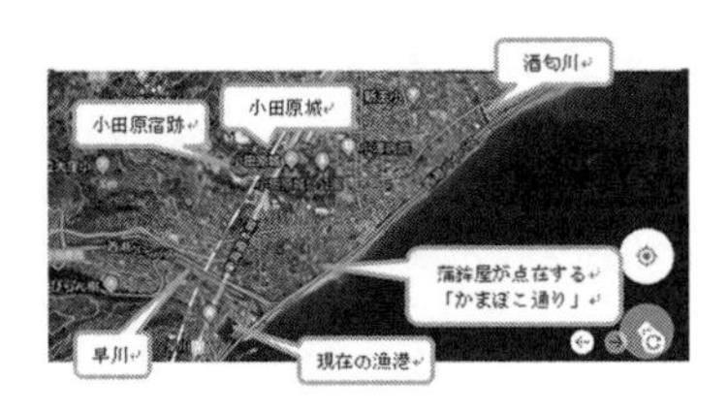

小田原市の航空写真

２本の川に囲まれ地下水が豊富な点，海岸線が長いことに気づくとともに，城下町であることや小田原宿の名残が残っていることに気づくことで「蒲鉾づくりが発展した背景」にも迫ることができた。

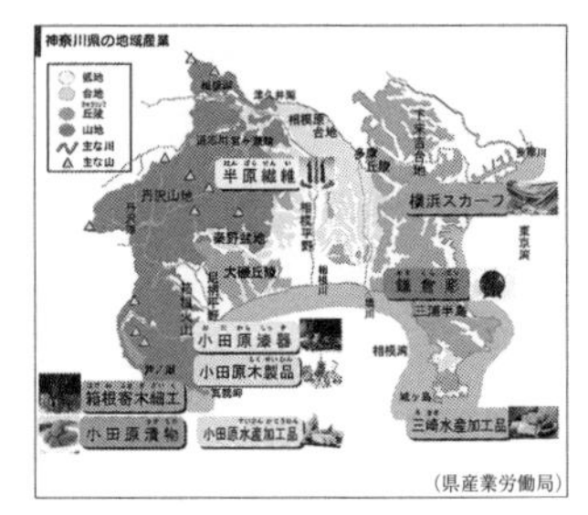

神奈川県の伝統産業マップ

神奈川県全域へ広げてのとらえが重要になる本単元において，地図資料を効果的に扱うことが大切である。単元末には「それぞれの伝統産業にもＵさんやＨさんのような人たちがいるんだろうな」と発言する子も見られた。

《時期や時間の経過》

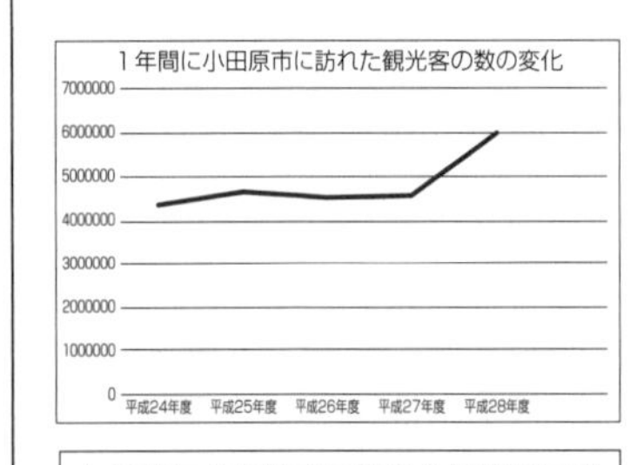

１年間に小田原市に訪れた観光客の数

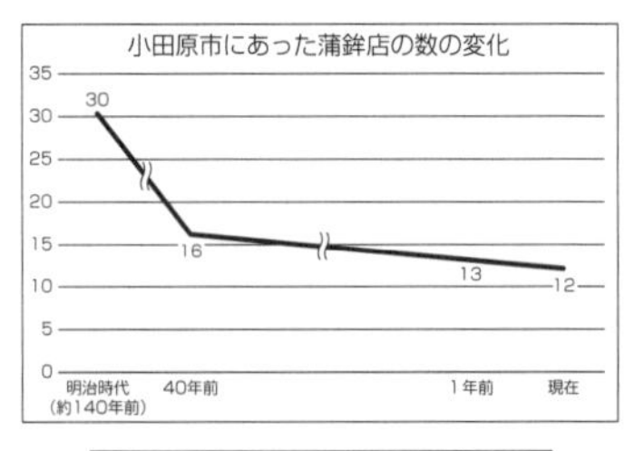

小田原市にあった蒲鉾店の数

経過が読み取れる横軸が「年」になるグラフ

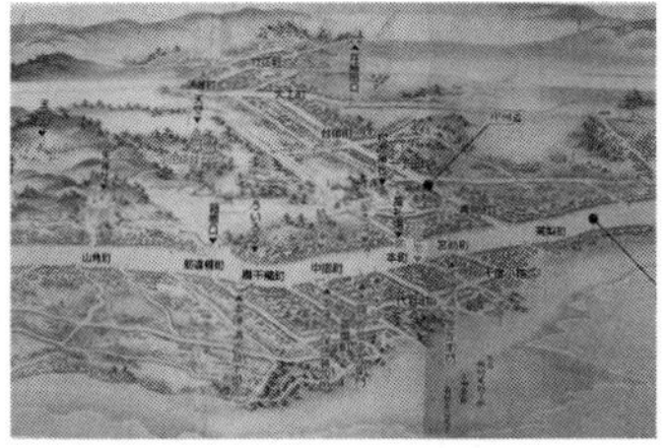

東海道小田原宿の様子

蒲鉾が発展した背景について考えていけるようにする。

《事象や人々の相互関係》

小田原かまぼこ十か条（かんたんにしたもの）

一、「小田原かまぼこ」という品質を守るための努力をわすれず、その品質は他の11店すべての店から認められること
二、原材料（魚）、副材料（塩や色付け材）などすべてこだわり、「小田原かまぼこ」の名にはずかしいものをつくらないこと
三、魚の味を生かして、たんぱく質の高いかまぼこをつくること
四、板づき、むしかまぼこであること
五、小田原かまぼこで大切にされてきた「つくりかた」「ぎじゅつ」をがんこに守り、将来もそれを大切にする意志をもっていること
六、本社の場所が小田原市にあること
七、工場の場所が小田原市にあること
八、小田原のかまぼこ店として50年以上たっており、周りからも広く知られている店であること
九、「小田原かまぼこ」を大切にする信念をもつ経営者がいること
十、小田原かまぼこ協同組合の一員であること

小田原蒲鉾協同組合の
「小田原蒲鉾10か条」

２月６日の技能検定試験を受けた人

K社	4人
M社	2人
S社	7人
Y社	1人
T社	1人

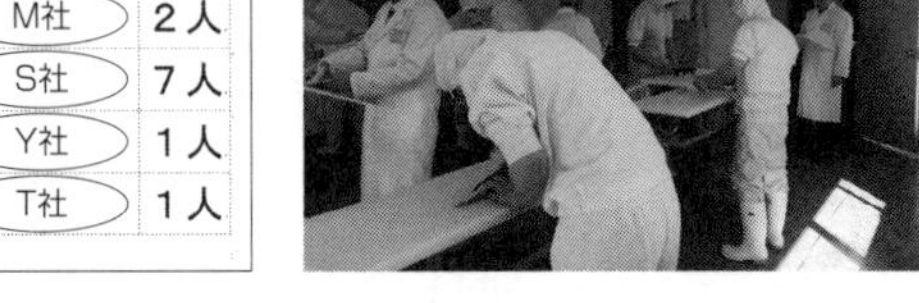

協同組合で行う若手職人への技術講習会（検定試験）

社会実験中のかまぼこ通りへの回遊を図った看板

市役所観光課の取組やＨさんの願いに迫れるようにする。

7 本時の展開（8/10時）

1 目標

Uさんの技術講習会での姿や言葉について考えたことを話し合うことを通して，Uさんや小田原蒲鉾協同組合が力を合わせながら，「小田原蒲鉾」の伝統・技術の継承や活性化を目指していることに気づくとともに，Uさんの蒲鉾づくりに対する思いについて考えを深めていけるようにする。

2 展開

<table>
<tr><th>主な学習活動（・予想される児童の反応）</th><th>□資料　○留意点</th></tr>
<tr><td colspan="2">「他のお店には負けない」こだわりをもっているUさんが，技術講習会で他のお店の人たちに技術を教えているのはどうしてだろう。</td></tr>
<tr><td>1　問いに対する考えを話し合う。
・他のお店とも仲良くしていきたいから。
・小田原蒲鉾10か条の中に「品質について企業同士の理解を」とあったから，どのお店も共通して学ぶ技があるんじゃないかな。
・蒲鉾づくりをする人の技術を上げていかないと，「小田原蒲鉾」の人気はなくなっていってしまう。
・Uさんは今65歳……，どんどん若い人に技術を伝えていかないと「小田原蒲鉾」の受け継がれてきたことが止まっちゃう。
2　資料を見て考えたことを伝え合う。
・小田原の蒲鉾屋さん，12店みんなでいいものをつくっていくことを目指しているんだ。
・1店でもよくない蒲鉾をつくると「小田原蒲鉾」の評判が悪くなるもの。
・他の11店の蒲鉾店がいろいろな蒲鉾をつくると，小田原市に行きたいお客さんはもっと増えるんじゃないかな。
・「小田原蒲鉾」がずっと人気の蒲鉾であるために，協力し合っている蒲鉾屋さんのマークがこのマークなんだね。

3　次時の「問い」を考える。</td><td>○前時までの児童の考えを座席表にまとめ，板書や発問の計画を立てる。
○座席表指導案をもとに，見取りを生かしながら指名をし，子どもたちの発言につながりをもたせていけるようにする。
○話し合いの拠り所となるよう，視点ごとに整理しながら，板書計画に基づいた構造的な板書をする。
○子どもの思考の流れに合わせて，資料を提示する。
□小田原市内の店舗数減・技術者減のグラフ
□Uさんの言葉「みんなでいいものつくって，他との違いを出していくことが一番じゃないかなと思いますね」
□図表「小田原蒲鉾協同組合の12店によるそれぞれの店舗のオリジナル蒲鉾」

</td></tr>
</table>

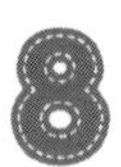

子どもの学びの様子

1 第8時の学習活動と児童の言葉から

本時では,「蒲鉾協同組合」の営みに目を向けながら,「協働することの意味」について考えていった。本時に至るまでに,丁寧に見方・考え方を働かせる場面があったからこそ生まれた,芯の通った発言も多くあったように思える。「技術の継承」「活性化」を目指すことについて子どもたちなりの言葉で迫ることができていた。また,資料を提示する際は,「どんな問いかけと合わせて提示するか」を吟味することを大切にした。

資料：蒲鉾職人Uさんの言葉

みんなでいいものつくって,他との違いを出していくことが一番じゃないかなと思いますね。

「みんなでいいものつくって」と「他との違いを出していくこと」ってどういう意味かな。

Uさんは12店全体の「板付け」の技術を高めることを大切にしていて,「小田原蒲鉾」としてのレベルがこれからも続くことを願っているんだ。

Uさんは,12店でちょっとずつ個性を出していくことが大切って考えていて,そうすることで,僕も小田原に訪れたくなる人が増えると思う。

この手立てにより,子どもたちは「人々や事象の相互関係」の見方・考え方を働かせながら考えを深めていくことができたととらえられる。

2 第9時の学習活動から―多角的な視点からまちの特色をとらえていけるよう着目する「人々の協力関係」―

単元の終末では,「人」のみならず「人々」・「まち」が手を取り合って小田原の伝統産業である「蒲鉾づくり」を支えていることに気づいていけるような展開を図っていった。実践を行った時期にちょうど社会実験として行われていた「小田原城からの回遊」を図る取組を扱ったことで,子どもたちはまちと連携して行う「活性化」にも気づいていくことができた。

資料：小田原市役所観光課Hさんの言葉

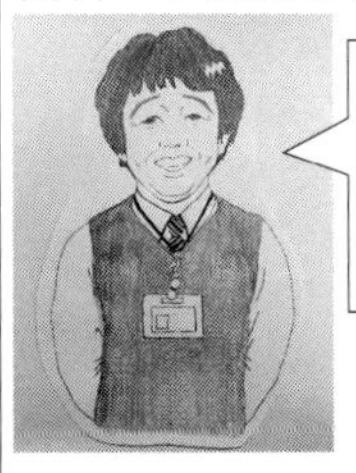

お互いの得意な仕事を生かし合いながら,訪れる人が楽しめるまちづくりを進めていければと思います。

小田原城前に設置された「蒲鉾PRパンフレット」

かまぼこ通りへの回遊を図った看板

学習感想　蒲鉾をつくる人たちだけでなく,まちの人たちが力を合わせて,どんどん小田原のまちを元気にしていこうと考えているんだと思いました。

9 実践のまとめ

1 子どもの姿から

抽出児（MK）の単元の振り返り 

　この授業をするまでは小田原市のことを全然知らなかったけど，勉強したおかげでいろいろなことがわかってきました。お母さんたちと実際に行ってみて，小田原城に人がたくさん来ることも知っていたのでHさんの取組がとても意味があることなのがよくわかりました。実際にUさんに会ったり，かまぼこを一緒につくったり，みんなで考えたりしたあとに，Yかまぼこ店のPRビデオをもう一度見ていると，お客さんや小田原かまぼこや小田原のまちのことをどれだけ大切に考えているか伝わってきました。これからも12店で力を合わせて，いろんな味を増やして，市役所とも力を合わせてもっとたくさんの人に来てほしいと考えていることがよくわかりました。小田原かまぼこはいろいろな人が協力しているから「まちの名物」なんだなと思いました。

「人々の協力関係」に着目したり，見方・考え方を働かせたりしながら学習を進めてきたことで深まった学びを感じられるものである。「地場産業を支えるのは職人のみならず，様々な人々の協力があって……」と感じ取れていることは，今後，「継承」に目を向けていく学習の際も生かされていくことが期待できる。

　また，MKは単元末に「神奈川県の伝統産業マップ」を見た際，「それぞれの伝統産業にもUさんやHさんのような職人や市役所の方がいるんでしょう」とつぶやいていた。他地域の地場産業の背景にも小田原市で学んだ人々の営みを重ねながら考えられていることに価値を感じることができた。

2 考察

　本実践では，社会的事象の見方・考え方を働かせる場面を想定しながら，単元を構想したり，教師の出場を考えたりすることを大切にした。単元を通して見られた子どもたちの発言やノート記述からは，**「見方・考え方が学習の充実を図るためにあるもの」**であることを確信することができた。今後も，自らで問いを見いだし，見方・考え方を働かせながら追究する子どもの姿を目指し，授業改善を重ねていきたい。

学習後，小田原かまぼこ桜まつりに足を運んだ子どもたちと。

　また，「人々の協力関係」に着目しながら学習を進めることで，切実感を伴った問いが生まれたり，問題を自分ごととしてとらえたりする姿が見られ，主体的に学ぼうとする力を育てることの有効性を感じられた。さらに，多角的な視点から「まち」を見つめる子どもの姿は，深い学びを体現する姿の一端と言えよう。人々の営みに学ぶ社会科を通して，今後子どもたちに身につけたい資質・能力のあるべき姿を見いだしていきたい。

（宗像　北斗）

歴史を生かしたまちづくりから人々の協力関係に迫る事例

1 単元の目標

県内の特色ある地域の様子について，日光市の位置や自然環境，人々の活動や産業の歴史的背景，人々の協力関係などに着目して，地図帳や各種の資料で調べて，それらの特色を考え表現することを通して，日光市では人々が協力し，特色あるまちづくりや観光などの産業の発展に努めていることを理解できるようにするとともに，学習問題を主体的に追究・解決し，特色ある地域のよさを考えようとする態度を養う。

2 評価規準

知識・技能	思考・判断・表現	主体的に学習に取り組む態度
①位置や自然環境，人々の活動や産業の歴史的背景，人々の協力関係などについて，地図帳や各種資料で調べ，日光市の様子を理解している。 ②調べたことを白地図や文章などにまとめ，日光市では，人々が協力し，特色あるまちづくりや観光などの産業の発展に努めていることを理解している。	①位置や自然環境，人々の活動や産業の歴史的背景，人々の協力関係などに着目して問いを見いだし，日光市の様子について考え，表現している。 ②活動や産業の歴史的背景，人々の協力関係を関連付けて，日光市の特色を考え文章などで記述したり根拠を示して話し合ったりしている。	①県内の特色ある地域としての日光市の様子について，予想や学習計画を立てて主体的に学習問題を追究・解決しようとしている。 ②県内の特色ある地域としての日光市のよさを考えようとしている。

 単元の内容について

本単元では，伝統的な文化を保護・活用している事例として日光市を扱う。日光市には，日光東照宮をはじめとする二社一寺が世界遺産として登録されており，本実践では「日光社寺文化財保存会」が現在も建物を保護する活動を行っていることを取り上げる。また，弥生祭を守る人々，「日光門前まちづくり」の市民団体を取り上げ，人々が市や県などと連携・協力しながら歴史を生かしたまちづくりを行っていることに気づかせる。終末では，なぜ日光市にたくさんの人が来るか話し合うことで，保護・活用することの意味を考えていく。

 単元展開例

	○主な問い，学習活動・内容 ☆見方・考え方	□資料　◆指導の手立て 【　】評価の観点
つかむ	問い **日光の伝統的な文化のよさには，どのようなものがあるだろう。**（2時間） ☆伝統的な文化を，範囲や時期に着目してとらえる。 ○日光市の位置を確認する。 ○写真を見て気づいたことや疑問に思ったことを出し合う。 ○現在も多くの観光客が訪れていること，伝統が現代に受け継がれていることから，それらを守る人々に着目し学習問題をつくる。	□写真「世界遺産（二社一寺）」「弥生祭」など □年表「日光の歴史」 □グラフ「日光市に来た観光客数」 ◆自分たちが住んでいる地域の位置と比較しながら白地図にまとめる。 ◆現在でも東照宮の改修が続いていることを確認し，伝統的な文化を守る人々がいることに気づかせる。
	学習問題 **日光の歴史のよさを守るために，人々はどのような活動を行っているのだろう。**	
	☆建物，お祭りは時期・時間の経過，まちづくり，観光は人々の相互関係に着目する。 ○学習問題に対する予想をもとに，学習計画を立てる。 ・古い建物をいつ見ても美しくしている人がいるのではないか。 ・歴史を生かしたまちづくりをしているのではないか。	◆学習問題に対する子どもたちの予想を整理し，学習計画を立てる。 【思①】【態①】
調べる	問い **日光の建物を守るために，人々はどのような活動を行っているのだろう。**（2時間） ☆人々の活動について，時間的な経過に着目してとらえる。 ○文化財保護活動の先駆けとなった「保晃会」の活動を調べる。 ○今でも建物を守っている「日光社寺文化財保存会」の活動を調べる。	□年表「二社一寺を守る取組」 □写真・映像「日光社寺文化財保存会の活動」 ◆文化財を保護している人々の工夫や努力，思いや願いについておさえる。 【知①】

	 **日光のお祭りを守るために，人々はどのような活動を行っているのだろう。**（1時間） ☆時間的な経過に着目してとらえる。 ○弥生祭のおこりについて調べる。 ○弥生祭を守っている地域の人々の活動について調べる。	□文章「弥生祭に参加している方の話」 ◆祭りを守る人々は，自分たちの町を誇りに思っていることに気づかせる。 【知①】
	 **日光の歴史を生かし，人々はどのようなまちづくりを行っているのだろう。**（2時間） ☆関係機関の相互の協力関係に着目してとらえる。 ○日光東町地域の写真や地図から，町並みや施設の工夫を調べる。 ○「日光門前まちづくり」の取組について調べる。	□写真「日光東町地域の町並みの写真」 □文章「日光門前まちづくりの方の話」 ◆地域や市，県と協力して歴史や文化を守っていることに気づかせる。 【知①】
	 **日光市の人々は，これからもたくさんの観光客が来るようにするために，どのような工夫をしているのだろう。**（1時間） ☆日光観光課と各地域の観光協会の相互の協力関係に着目してとらえる。 ○日光市の観光の取組について，日光市観光部や各地域の観光協会の取組について調べる。	□文章「日光観光課の方の話」 ◆日光市が中心となり，日光のよさを生かしたイベントを開いたり宣伝したりしていることをとらえる。 【知①】
まとめる	**日光の歴史のよさを守るために，人々はどのような活動を行っているのだろう。**（1時間） ○日光の歴史を保護・活用するために，人々が相互に連携しながら様々な活動を行っていることを話し合う。	◆板書で整理しながら，それぞれの立場が互いに連携・協力し合っていることを確認する。 【知②】【思②】
	 **日光市にはなぜたくさんの人が来るのだろう。**（1時間） ☆人々の思いや願いを，時間の経過や人々の相互関係に着目してとらえる。 ○日光にはたくさんの観光客が訪れていることを再確認し，その理由を話し合うことで，人々の取組の意味について考える。	□表「市区町村魅力度ランキング」 □「日光門前まちづくり」の方のメール ◆多くの観光客が訪れる理由を話し合うことで，人々の思いや願いに迫る。 【思②】【態②】

5 指導上の工夫

1 主体的・対話的な学びの工夫

子どもの主体的な学びを促すために，「見通す・振り返る」活動を重視する。学習問題づくりでは，問いを設定した後，予想をもとに調べる観点を決め，単元を通して何をどの順番で調べていくか，子どもたちに見通しをもたせることで主体的な追究を促したい。また，毎時間学習したことを振り返り，自分の学びを自覚することで，次の学習への意欲へつなげていく。

対話的な学びを促すために，調べたことを互いに伝え合い，友達の考えと比較しながら自分の考えを深める話し合い活動を設定する。子どもたち同士のやりとりを促すために，友達の発言につなげて授業が進むようにやりとりをしていく。特に，まとめる段階における人々の協力関係や取組の意味を考える活動では，自分の考えをしっかりともたせ，グループで相互交流したり全体で話し合ったりすることで，子どもたちの深い学びにつなげていく。

2 「見方・考え方」を働かせた深い学びの実現

「位置や空間的な広がり」では，日光市の位置と自分たちが住んでいる地域の位置を比較しながら白地図にまとめていく。また，日光の案内地図を読み取ることで，まちの人々が観光客にとって歩きやすいまちづくりを行っていることに気づかせる。

「時期や時間の経過」では，日光の歴史や文化財保護活動の歴史，弥生祭の歴史などについて年表にまとめていく。年表にまとめる際は，細かな歴史的事実を記述するのではなく，ポイントとなる出来事を中心にまとめることで，時期や時間的な経過に着目させていきたい。また，年表にまとめることで，伝統を守ることが私たちの未来へとつながっていることも意識させる。

「事象や人々の相互関係」では，日光門前まちづくりの方や日光観光課の方の話をもとに，関係機関が相互に連携・協力し合って活動していることに着目させる。相互の関係を見やすくするために，板書でそれぞれの関係を整理していく。

以上のような見方・考え方を調べる段階で働かせ，まとめる段階で人々の思いや願いに迫ることで，これまで学んできた見方・考え方を総動員して考え，伝統的な文化を保護・活用することの意味について深く理解することにつながると考える。

<日光の建物を守る歴史>

年	出来事
766年(奈良時代)	二荒山神社、輪王寺がつくられる
1636年(江戸時代)	日光東照宮がつくられる
1871年(明治時代)	国のお金を使って手入れするのがむずかしくなる(あれはてる) 日光の建物を自分達で守っていこう!
1879年(明治時代)	「保晃会」がつくられ、修理を始める(全国からお金を集める、国からじゅう理のお金をもらう) 日本初の文化財を守る活動
1970年(昭和時代)	「日光社寺文化財保存会」がつくられる。 技をうけついだり、未来のためにじゅう理の記録を残したりしている。
1999年(平成時代)	二社一寺が世界い産に登録

年表にまとめる

6 資料等

1 追究場面で活用した資料例

『わくわく！日光の社寺たんけん』

日光の案内地図

「日光社寺文化財保存会」の方のお話

日光の建物は，美しい彫刻を彫った上に，美しい色を付け，金やうるしできれいにぬったりかざりの金具を付けたりしたものが多くあります。こうした技は，機械を使わずに行われ，今ではほとんどできる人はいません。

日光社寺文化財保存会では建物の修理の計画をして，国から必要なお金をもらうだけでなく，二社一寺の建物を実際に修理したり，昔から伝わる方法を研究したりしながら修理の技も受けついでいます。わたしはうるしをぬる仕事をしていますが，50年，100年と長持ちする仕事をしていきたいと思っています。

どこをどのように修理したかは，きちんと記録に残し未来の人が直すための資料として大切に保存しています。

「日光社寺文化財保存会」の方のお話

「日光門前まちづくり」の方のお話

日光東町では，まちの景色を新しくするのではなく，昔ながらのよさを生かしたまちをつくりたいと考えました。みんなでどのようなまちにしたいか考えて，何度も話し合ったり，ほかのまちを見てそのよさを勉強したりしています。県や市とも協力し，道を広げてみんなが安全に通れるようにしたり，お店のかん板や明かりを昔ながらのふんいきをこわさないようにくふうしたりしています。わたしたちは，人びとがくらしやすく，日光に住む人びとにとって，また，訪れる人びとにとっても楽しめるまちにしていきたいと思っています。

世界遺産日光の社寺の門前町にふさわしいまちづくりを進めるために，昔から伝わる伝統行事を大切にし，歴史･文化を守っていこうと思います。

「日光門前まちづくり」の方のお話

2 情報入手先

- 「日光文化財愛護少年団育成会」が作成したホームページ
- 「日光門前まちづくり」が作成した日光の案内地図

7 本時の展開（10/10時）

1 目標

日光市にたくさんの観光客が訪れる理由について，これまでに学んだことや新たな資料をもとに，個人やグループ，全体で話し合うことを通し，伝統的な文化を保護・活用している人々の思いや願い，取組の意味について考えることができるようにする。

2 展開

主な学習活動（・予想される児童の反応）	□資料　○留意点
1　日光市への観光客数が増加していることや市町村魅力度ランキングの上位に位置していることを確認する。 ・観光客数が増えている。 ・日光市は全国でも魅力度が高いね。	□グラフ「日光市に来た観光客数」 □表「市区町村魅力度ランキング」（ブランド総合研究所） ○グラフや表をもとに，日光市が全国から見ても魅力度があり，観光客が多いことをとらえる。
日光市にはなぜたくさんの人が来るのだろう。	
2　日光市にはなぜたくさんの人が来るのか個人の考えをまとめ，グループや全体で話し合う。 ・日光東照宮などがあるだけでなく，それを生かす人々がいるから。 ・イベントの工夫をしているから。 ・市や県，国とも協力しながら歴史を次の世代に残しているから。	○たくさんの観光客が訪れる理由を各自考えて友達と話し合うことで，歴史のよさがあるだけではなく，それを守り，生かす人々の思いや願いがあることに気づかせる。 ○個人の考えをまとめ，グループ，全体へと広げていくことで，多様な見方・考え方があることに気づかせる。
3　「日光門前まちづくり」の方のメールを読み，課題や観光への取組について理解する。 ・「通り過ぎる」観光から「血の通った」観光にすることが大切だね。	□「日光門前まちづくり」の方のメール ○NPO法人の課題と取組について知ることで，現在も課題を解決するために「血の通った」観光へと転換すべく努力していることをとらえる。
4　本時で学んだことを振り返る。 ・「楽しかった」「また来たい」と思ってもらえるようなおもてなしが必要。 ・歴史を守り，生かす人々の思いや願いがあるからだね。	○人々の思いや願いに迫ることで，過去から現在，未来へとつながっていることや，点から面への観光（人々の相互の協力関係）が必要であることに気づかせる。

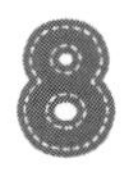

子どもの学びの様子

1 「調べる」段階の学習活動と児童の学習感想から（第４・５・７・８時）

調べる段階では，学習計画に従って「建物」「お祭り」「まちづくり」「観光」について調べていった。調べていく過程で，それぞれ学習したことを比較・関連させながら，伝統的な文化を保護・活用する人々の思いや願いについてまとめている様子が伺えた。

第４時【日光社寺文化財保存会】

○修理のときは，きちんと記録に残して，未来の人のために受けついで努力を積み重ねてすごいと思った。
○実際に彫刻を修理した人と，東照宮に来た人は会わないけれど，彫刻を通じてつながっている気がする。

第５時【弥生祭】

○弥生祭は，奈良時代から続いているのはすごいけれど，それを守り続けてきた人々はもっとすごいと思った。
○すごい祭りなのに，住んでいる人がへり，家体（やたい）が出せなくなったところもあるのは残念だと思った。

第７時【日光門前まちづくり】

○歴史あるまちのよさを生かしながら，みんなが住みやすく観光客も楽しめるように人々が工夫していることがわかった。
○日光門前まちづくりの人々と保晃会の人々は似ていると思う。みんなで協力して，み力あるまちにしようとしていると思う。

第８時【観光】

○「また来てほしい」と願うだけでなく，パンフレットを配ったりインターネットにのせたりといろいろな工夫をしていた。
○祭りやキャンペーンなどのせん伝もしていて，日光のよさを知らせるためにたくさんの工夫をしていることがわかった。

2 「まとめる」段階の学習活動と児童の学習感想から（第10時）

本時では，「日光市にはなぜたくさんの人が来るのだろう」と問いを立て，伝統的な文化を保護・活用する取組の意味をグループや全体で話し合った。日光への観光客は年々増えていることを再確認し，各自自分の考えをもったうえで話し合いを行った。授業の流れの中で，「伝統を受け継ぐ」「おもてなし」などのキーワードを機に話し合いが深まっていった。「日光門前まちづくり」の方のメールも，切実な思いを実感するのに効果的であった。

グループ活動の様子

第10時【日光市にはなぜたくさんの人が来るのか】

○日光市にたくさんの人が来る理由は，日光東照宮があるだけでなく，日々進化しているからだと思います。いいものがあるだけではだめで，それを生かすボランティアの人々やまちの人々がいないと，日光はこんなすてきな所にはならなかったと思います。
○みんなで話すのは楽しい。私は，ＩさんとＨさんとＮさんの意見がいいと思いました。３人は少しちがう意見をもっているけど，３人ともＫさんが言った「おもてなし」に通じると思いました。

実践のまとめ

1 子どもの姿から

見方・考え方を働かせながら追究し，まとめる段階で人々の思いや願いに迫ることで，関係機関が相互に連携・協力し合って活動していることのよさに気づくことができた。また，歴史を受け継ぐことの意味を考えることで，過去から現在，未来という時間軸を意識することにつながった。子どもの振り返りの中には，自分と日光市との関わりについて述べる姿も見られた。

ボランティアや市，県などが協力して，町並みをきれいにするために努力していた。その努力があるから，日光には人がたくさん来る。また，伝統を受けついでいるのは，昔のものを今見て，日光をすばらしいものにしているから。わたしたちの知らない所で，いろいろな人が努力している。

日光の人々は，歴史を次の世代に残しているから，昔ながらの食べ物や建物があり，それが観光スポットになっていて観光客が増えるのだと思う。観光客が，「日光はよかった。楽しかった」と思えるように，ボランティアや日光の人々は工夫している。

Mさんの意見で話し合いが深まったと思う。いい意見がいっぱい出ていた。日光について，人々が感じるみ力は一つではないと思う。日光のすばらしさを観光客の人々にむねをはって伝えられるようになれた。

2 考察

本実践では，世界遺産（二社一寺）や弥生祭などの伝統的な文化を守り，まちづくりや観光産業に生かしている日光市の事例を取り上げた。地域の位置や活動の歴史的背景，人々の協力関係に着目し，見方・考え方を働かせながら課題を追究したが，社会的事象の意味や相互の関連に迫る意味でも有効であることを確認することができた。特に，人々が共通の思いや願いをもって相互に連携・協力したり，歴史を受け継ぐことを未来志向で考えたりしていることに気づくことができた。本時で，日光門前まちづくりの方のメールを活用したことは，現在の人々の取組に迫る意味でも効果的であった。

また，主体的・対話的な学びを促すために問いや学習活動の工夫を行った。本実践では，「どのように」や「なぜ」といった問い，見方・考え方を促す問いを位置付けることで，子どもの主体的な追究意欲を喚起することができた。さらに，調べたことを伝え合い，友達と比較しながら自分の考えを深める話し合い活動を行うことで，時間の経過や人々の相互関係などの見方・考え方を相互に関連させて，人々の思いや願いに迫ることができた。

（齋藤　崇晴）

⑬ 子どもが着目した視点をキャッチコピーにして地域の特色を表現する事例

1 単元の目標

都内の特色ある地域の様子について，特色ある地域（小笠原）の位置や自然環境，人々の活動や産業の歴史的背景，人々の協力関係などに着目して，地図帳や各種の資料で調べて，その地域の特色を考え，都内の特色ある地域では人々が協力し，特色あるまちづくりや観光などの産業の発展に努めていることを理解できるようにするとともに，学習問題を主体的に追究・解決し，都の発展について都民の一人として考えようとする態度を養う。

2 評価規準

知識・技能	思考・判断・表現	主体的に学習に取り組む態度
①位置や自然環境，人々の活動や産業の歴史的背景，人々の協力関係などについて，聞き取り調査をしたり，地図などの資料で調べたりして，小笠原の様子を理解している。 ②調べたことを白地図やキャッチコピーなどにまとめ，都内の特色ある地域では，人々が協力し，特色あるまちづくりや観光などの産業の発展に努めていることを理解している。	①位置や自然環境，人々の活動や産業の歴史的背景，人々の協力関係などに着目して問いを見いだし，特色ある地域の様子について考え，表現している。 ②特色ある地域としての小笠原の様子について分かったことをもとに，その特色やよさを考え，適切に表現している。	①小笠原の様子について，学習計画や予想を立てて主体的に学習問題を追究・解決しようとしている。 ②特色ある地域の発展など，都の発展について，都民の一人として努力や協力できることを考えようとしている。

 単元の内容について

この単元では，県内の特色ある地域が大まかに分かるようにするとともに，伝統的な技術を生かした地場産業が盛んな地域，国際交流に取り組んでいる地域及び地域の資源を保護・活用している地域を取り上げる。その際，本実践のように，地域の資源を保護・活用している地域については，自然環境，伝統的な文化のいずれかを選択して取り上げる。

 単元展開例

	○主な問い，学習活動・内容 ☆見方・考え方	□資料　◆指導の手立て 【　】評価の観点
つかむ	**問い　小笠原は，どんなところなのだろう。**（2時間） ☆自然環境と位置に着目してとらえる。 ○映像とトリピアボードを見て，どの場所か予想する。 ○地図で都中心部からの距離を確認する。 ○小笠原諸島の概要について調べ，位置と自然環境に着目して，考えたことや疑問に思ったことを発表する。	□映像「心，動く島」 □トリピアボード（PR ポスター） ◆同じ東京都であること，その距離を確認する。 □地図「都心部と小笠原諸島」 □グラフ「小笠原の気温」 □時刻表「おがさわら丸」 □写真「船を見送る人々の様子」
	学習問題　小笠原の人々は，自然環境を生かして，どのようにくらしているのだろう。	
	○学習問題に対する予想をもとに，学習計画を立てる。 ・自然がもっと豊かで，めずらしい動植物もいるのではないか。 ・観光が盛んなのではないか。 ・きまりがあるのではないか。	◆既習事項や，他の単元で身につけた追究の視点を生かして予想するよう促す。 ・自然環境の活用 ・自然環境の保護 【思①】【態①】
調べる	**問い　小笠原は，どんな自然環境なのだろう。**（2時間） ☆地域の自然環境に着目して調べる。 ○豊かな自然環境を読み取る。	□書籍『たくさんのふしぎ　カタツムリ　小笠原へ』 □書籍（小笠原関連） 【知①】
	問い　小笠原の人々は，どのように自然環境を生かしているのだろう。（1時間） ☆自然環境，人々の活動や産業の歴史的背景に着目してとらえる。 ○観光が盛んであることや，自然環境を生かした産業があることを読み取る。	□パンフレット □現地フリーペーパー 【知①】
	問い　小笠原の人々は，どのように自然環境を守っているのだろう。（1時間）	□書籍『野鳥もネコもすくいたい！』 □ゲストティーチャー（ルールブック，エコツーリ

	☆自然環境，人々の活動や産業の歴史的背景に着目してとらえる。 ○小笠原では，どのようにして自然環境を守っているのかを調べて，環境保護に関する情報を集め，読み取る。	ズム，ねこ待合所について） 【知①】
	 **小笠原は，どのように世界自然遺産に登録されたのだろう。**　（1時間） ☆登録されるまでの時間的な経過や人々の協力関係に着目してとらえる。 ○世界自然遺産登録までの概要について調べる。 ○世界自然遺産登録に向けて動いたたくさんの人々の努力や思いを読み取る。	□年表「世界遺産登録まで」 □ツアーガイドTさんの話 ◆保護により前時の活用が成り立っていることをおさえる。 【知①】
まとめる	 **航空路建設について，意見が分かれているのはなぜだろう。**　（1時間） ☆人々の協力関係に着目して考える。 ○「小笠原への航空路について」のアンケートについて知る。 ○自分ならどう考えるか意見をまとめ，交流する。	□関係図「医療の現状」 □航空路についてのアンケート □航空路についての人々の意見 ◆活用と保護，人々の生活を関連付けて地域のよりよい姿を考えるようにする。 【思②】【態②】
	問い **小笠原の人々は，自然環境を生かして，どのようにくらしているのだろう。**　（2時間） ○学習問題について考えをまとめ，PR ポスター（キャッチコピー）を作る。 ・小笠原の人々は，豊かな自然を生かし，守り暮らしている。 ・人々が協力し，特色あるまちづくりや観光の発展に努めている。 ○なぜそのキャッチコピーにしたのか，考えを書く。	□カード「トリビアボード」（PR ポスター） ◆学習問題に対する考えや，キャッチコピーの理由を言語化させる。 【知②】【思②】

5 指導上の工夫

1 主体的・対話的な学びの工夫

① シンプルな単元計画と焦点化した学習問題

見方・考え方を明確にし，単元を設計した。第一に，小笠原との出合いを大切にする。感動や憧れ，東京都のイメージが覆されたときに生まれる驚きや疑問から，単元の目標に迫るための学習問題を導く。

学習計画を立てる段階では，予想をもとに構成した問いを見通しがもてるよう常掲する。毎時の問いはカード状にしておき，その時間になったら学習計画から取り外して黒板に貼る。そしてまた，学習計画に戻す。そして，今，自分が学びのどこにいるのかを意識できるようにする。

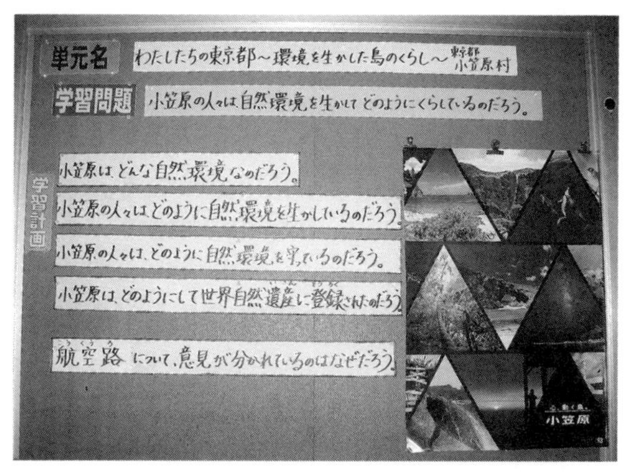

学習計画を掲示〈児童にとっての学びの地図〉

② 単元を通して関わるゲストティーチャー

第1時では，観光局の人々が作成した映像「心，動く島」と PR ポスター「トリビアボード」で小笠原に出合う。第6時には同局の方を GT として迎える。追究活動を進める中で，資料だけでは解決できない事実，実際に確かめたい事実に直面していく。そのときに，実際に顔を見ながら，思いや活動について児童が自ら話を聞き取れるよう計画した。まとめる段階では，トリビアボードの最後の一枚「小笠原には，まだまだ魅力があります」の続きとしてキャッチコピーにする。そして，それらの児童の作品は，同局の協力を得て Web で世界へ発信する。まとめることへの目的意識をもてるようにするとともに，社会から学び，また社会へとつなぐ。

2 「見方・考え方」を働かせた深い学びの実現

○航空路新設について考える活動

観光客や島民に対して行われている「小笠原への交通に関するアンケート」をきっかけに，「航空路について，意見が分かれているのはなぜだろう」と新たな問いを加える。これまで学んできた自然環境の活用と保護に加え，ここであらためて人々の生活に目を向けさせる。そこには長年にわたり議論されてきた現実がある。これまで学んできた事実をもとに，見方・考え方を働かせ，航空路の新設について考える活動を通して，都民の一人として地域のよりよい姿について考えさせる。

6 資料等

1 授業で活用した資料例

小笠原の自然ポスター

QR コード
上：映像「心，動く島」
下：PR ポスターのトリビアボード（全10枚）

トリビアボード

<ツアーガイドをしているTさんのお話>

世界自然遺産に決まったときは、大喜びでした。世界自然遺産の中でも、1週間に一度の船で 24 時間かかります。こんなに魅力的な所は世界的でもオンリーワン！　船でしか来られないから、一週間に多くても 1000 人。気合いを入れてくる人ばかりだし、お客さんにもルールを分かってもらえます。自然が守られるのです。自然を触らないことが自然を守ることではなく、自然と触れ合って楽しむ。それこそが守ることだと思います。

2 情報入手先

- 小笠原村観光局
- 小笠原村観光協会　他

7 本時の展開（8/10時）

1 目標

都民の一人として小笠原の航空路について考える活動を通して，小笠原の人々が自然環境を保護・活用し，よりよいまちにしていこうとしていることを考えるようにする。

2 展開

主な学習活動（・予想される児童の反応）	□資料　○留意点
1　**おがさわら丸を中心とした人々のくらしについて調べる。** ・6日に一度しか品物が届かないから，スーパーに物がなくなる。医療は，内地の病院と自衛隊と協力して行っている。 2　**航空路についてのアンケートを行っている事実，意見が分かれている事実を知り，新たな問いをつかむ。**	○1週間に一度24時間の航路のみの交通についてあらためて確認する。 □写真「船が来る前と後のスーパーの様子」 □関係図「医療の現状」 ○前時までの学習を大切にしたうえで，現状や課題もとらえられるようにする。 □航空路についてのアンケート
航空路について，意見が分かれているのはなぜだろう。	
3　**様々な立場の人の航空路への考えを調べる。** ・自然環境を生かし守るため，いろいろな思いがある。 4　**航空路について考えをまとめ，交流し合う。** ・航空路が欲しい。島の人も安心。 ・航空路はない方がよい。ここまで守ってきた自然が壊れてしまう。生かせない。 ・いろいろな思いがあるから決められない。 5　**本時の問いについて考えたことをまとめる。** ・それぞれの立場によって，思いが違う。 ・小笠原をよりよくしようという思いは同じ。 6　**学習感想を書き，発表する。** ・小笠原はたくさんの人の思いがあって今がある。自分も都民の一人として考えていきたい。	□文章「様々な立場の人の思い」 ・体調が悪くなっても，船が出るまで島を出られず，悲しい思いをした。航空路が欲しい。 ・小笠原の今の自然環境が好き。守りたい。 ・24時間かけて行くからこそ，世界的に見ても貴重で素敵な所。だから今のままがいい。 ○これまで見方・考え方を働かせて学習してきたことをもとに考えること，同じ都民として考えることをおさえる。どれが正解かではなくいろいろな考えがあって今があることをおさえる。理由を重視する。 ○地域をよりよくするために努力している人がいることを再確認する。

8 子どもの学びの様子

1 第３時の学習活動と児童のつぶやきから

学習問題と学習計画を明確につかんだ第３時には，「どんな自然環境なのだろう」という問いを解決するため，たくさんの本から自分で資料を探し調べる時間を設けた。その中で，時には指導者が意図していない疑問も出たが，気になることを調べて満足し，それ以上逸れることはなかった。学習問題や学習計画が自分のものになっていることの重要性，問いを解決するために学ぼうとする児童の力強さを実感した。この意欲は，第10時まで継続した。

小笠原にお店はあるのかな。
あった！　へえ！
さて，自然環境について調べよう。

2 第６時の学習活動と児童の学習感想から

児童は，ここまで見方・考え方を働かせて調べ獲得した知識を，ゲストティーチャーに実際に確認しようとしていた。さらには，「自分の考えを聞いてほしい」と言って意見を述べる児童もいた。ただ話を聞くのではなく，そこにはおのずと対話が生まれていた。

人がいてこその社会科。人に直接会ったからこそ分かる思いや願いも受け止め，自分の思いも伝えていた。その交流がその後の学習にも生かされていった。

> 小笠原を守るためにルールがあって，お客さんもそれを守って，みんなで美しい小笠原をつくっていると思いました。本にはのっていないことがわかりました。努力や協力がすごかったです。

3 第９・10時の学習から

導入で使用したPRポスター（トリビアボード）の制作意図に合わせ，同じようにキャッチコピーにして小笠原の特色をまとめ，表現した。たくさんある視点の中から，何を選ぶか。これまでの学習を振り返り，端的に表現していた。短いキャッチコピーに対し，理由を書く際には，たくさんの思いを述べる児童が多かった。言語化は大切である。

 実践のまとめ

1 子どもの姿から

○航空路新設について

自然環境を活用している人々の姿，自然環境を守るために努力している人々の姿，たくさんの人々の協力，そしてそこにある生活の実態や思いなど，これまで学習してきた様々な現実と向き合いながら自分ごととして考えを深めていた。

> 空港はつくらない方がいいと思う。なぜなら，空港をつくると自然がこわれてしまう。これまでたくさんの人が小笠原の豊かな自然を守ってきていたし，それが小笠原のよさの一つでもあった。自然をこわすくらいなら船一本でいいと思う。でも，家族のことや生活のことを考えると航空路をつくりたいという意見もわかる。地下を利用するなど，どうにか工夫して自然をこわさないように航空路をつくる方法をあみだせないか……。

50年以上大切に議論され，今もなお議論が続く航空路新設問題。よりよい地域の姿を目指して懸命に活動する人々の姿に触れることにより，これまで学んだ自然環境の保護・活用に対する理解や考えがより深いものとなった。その思いや学びは，キャッチコピーにも表現された。

2 考察

単元の入り口となる社会的事象との出合いは重要である。インパクトのある資料との出合いと驚きから学習問題をつくり，学習計画を立てたことにより，学びに向かう力は持続し，単元を通して主体的に学習に取り組むことができた。また，着目する視点と問いを明確にし，シンプルに単元設計をすることで，児童の思考がスムーズに流れることが分かった。児童の興味や関心は多岐にわたるが，本単元の目指す内容から大きくぶれる児童はおらず，学習問題を解決するために資料に向かっていた。このことから，見方・考え方を明確にして授業を計画する重要性，学習問題の文言の重要性を感じた。

単元を通したゲストティーチャーとの関わり，話し合い活動を意図的に設定したことにより，社会とつながり，対話を通して考えをより深めることができた。そして，これまで学習したあらゆる事象を関連付け，見方・考え方を最大限に働かせ，都民の一人として，真剣に地域のよりよい姿を考えようとしていた。

（糟谷　友子）

国際交流の取組を「特色あるまちづくり」ととらえて追究していく事例

1 単元の目標

国際交流に取り組んでいる新宿区の様子について，地理的な位置や人々の活動などに着目して，地図帳や各種の資料で調べ，取組の様子や変遷，人々の協力の様子を関連付けて考え，表現することを通して，新宿区では国際交流を通して特色あるまちづくりに努めていることを理解できるようにするとともに，学習問題を主体的に追究・解決し，都内の特色ある地域としてのまちづくりについて考えようとする態度を養う。

2 評価規準

知識・技能	思考・判断・表現	主体的に学習に取り組む態度
①地理的な位置や人々の活動などについて，資料や地域の人の話などを通して必要な情報を集めて読み取り，国際交流に取り組んでいる新宿区の様子を理解している。 ②調べたことを関係図や文などにまとめ，国際交流に取り組む新宿区では，人々が協力して，特色あるまちづくりやまちの発展に努めていることを理解している。	①地理的な位置や人々の活動などに着目して問いを見いだし，国際交流に取り組んでいる新宿区の様子について，考え表現している。 ②国際交流に取り組んでいる新宿区の特色について考え，適切に表現している。	①国際交流に取り組んでいる新宿区について，予想や学習計画を立てて学習問題を主体的に追究・解決しようとしている。 ②学習したことをもとに，都内の特色ある地域としての新宿区のまちづくりについて考えようとしている。

3 単元の内容について

この単元では，県内の特色ある地域として国際交流に取り組んでいる地域を扱う。「国際交流に取り組んでいる地域」については姉妹都市提携などを結び外国の都市と様々な交流を行っている地域や，国際都市を目指して市内で外国との交流活動を盛んに行っている地域などを取り上げる。その際，その地域の位置のほか，活動の歴史的背景や人々の協力関係に着目して調べるようにする。また，外国を取り上げる際，我が国や外国には国旗があることを理解し，それを尊重する態度を養うように配慮する。

4 単元展開例

	○主な問い，学習活動・内容 ☆見方・考え方	□資料　◆指導の手立て 【　】評価の観点
つかむ	問い **新宿区にはどれくらいの外国人が集まっているのだろう。**（3時間） ☆住んでいる地域と比較しながら，地域の特色をとらえる。 ○資料をもとに，外国人が多く住んでいる新宿区の様子をつかむ。 ・新宿区には133カ国約4万2千人の外国人が住んでいる。 ○新宿区が訪日外国人の訪問数でも都内で1位であることについて調べ，疑問を出し合う。	□写真「新宿区内の町並み」「資源・ごみの分け方・出し方（多言語対応）」 □図「都内の地域別外国人居住者数」 □地図帳 □図表「外国人居住者数の比較（新宿区・世田谷区）」 □グラフ「新宿区国別外国人居住者数」 □図表「訪日外国人の都内訪問先ランキング」 ◆地図帳や地球儀を使いながら各国の位置や国旗を調べるようにする。
	学習問題 **なぜ新宿区には多くの外国人が集まるのだろう。**	
	☆資料をもとに外国人が集まる意味について考え，予想を立てる。 ○学習問題に対する予想をもとに，学習計画を立てる。 ・区が外国人のための取組をしているのではないか。 ・外国人と交流するイベントをやっているのではないか。 ・お店でも外国人のための工夫をしているのではないか。	□写真「しんじゅく多文化共生プラザで日本語を学んでいる外国人の人々」 「国際交流イベントでお茶を楽しむ外国人の人々」 「商店の店内に掲示された外国語版フロアガイド」 ◆新宿区は，都内で最も外国人の人口が多く，訪日外国人の数も多いことから，学習問題をつくる。
調べる	問い **新宿区では，どのような取組が行われているのだろう。**（4時間） ☆取組を時間的な経過に着目してとらえる。 ○新宿区の取組を調べる。 ・新宿区では，外国人の人々も生活に困らないように，多言語で情報提供をしている。また，日	□多言語対応冊子等 □映像・文章「新宿区役所の人の話」 ◆新宿区に住む外国人住民の増加に合わせて，取組を進めてきたことをつかむようにする。 ◆外国人も日本人と同じように生活できる多文化共生のまちづくりを目指していることに気づかせる。

	本語教室や外国人相談窓口がある。 ☆財団と区の関係に着目する。 〇新宿未来創造財団の取組を調べる。 ・イベントを通して，日本人も外国人も交流しながらお互いの文化を理解できるようにしている。 ☆区や他の商店との協力関係に着目する。 〇商店での取組を調べる。 ・新宿区のお店では，多言語表記をしたり，外国語を話すことができるスタッフによる対応をしたりすることで言葉の壁を少なくして，外国人も日本人と同じように買い物を楽しんでもらうことができている。 〇町会の取組を調べる。 ・地域のお祭りなどを通して，日本の文化を教えて交流している。 ・外国人もまちの一員として交流できることを楽しんでいる。	【知①】 □映像・文章「新宿未来創造財団の話」 ◆イベントを通して人々をつなぎ，新宿区内各地域での多文化共生のまちづくりにつながるようにしていることに気づかせる。 【知①】 □文章「商店の方の話」 ◆新宿区やお店同士で協力して，新宿の魅力を高めるようにしていることに気づかせる。 【知①】 □文章「町会長さんの話」 【知①】
まとめる	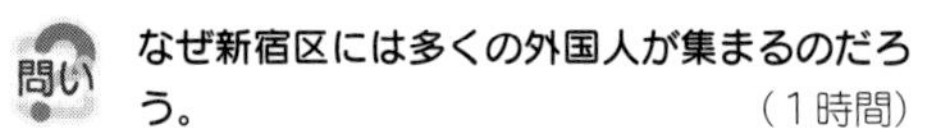 問い **なぜ新宿区には多くの外国人が集まるのだろう。**（１時間） ☆それぞれの立場で相互に協力しながら多文化共生のまちづくりを進めていることをとらえる。 〇学習問題を振り返り，新宿区で行われている取組を関係図にまとめ，自分なりの考えを言葉でまとめる。	◆新宿区，新宿未来創造財団，商店，町会の取組を関係図に整理しながら学習問題について考えられるようにする。 【知②】【思②】【態②】

5 指導上の工夫

1 主体的・対話的な学びの工夫

本単元では，特色ある地域の様子をとらえるために，つかむ，調べる，まとめる各段階で資料提示や学習活動を工夫し，対話的に学べる場面を設定している。

つかむ段階では，新宿区のものであることを伏せた状態で，韓国料理店等が並ぶ新大久保の町並みや資源・ごみの分け方・出し方ポスターを提示する。すると，子どもたちは，見慣れない町並みやポスターの様子に興味をもち，既習事項も総動員しながら対話的に場所を特定しようとする。場所が新宿区であると分かったところで，地図帳で地理的な位置を確認したり，外国人居住者や訪れる外国人が最も多い事実を身近な地域と比べながら提示したりすることで，子どもたちは新宿区の特色についての問いを見いだしていく。

調べる段階では，導入でそれぞれの立場での取組について，既習事項や生活経験から予想したことを振り返る。すると，調べる視点が明確になり，主体的に資料を調べたり，対話的に課題解決したりできるようになる。この時に提示する資料については，国際交流の取組の事実だけでなく，国際交流に取り組む人々の思いや願いが伝わるように，インタビュー映像を取り入れるなどして工夫した。

まとめる段階では，それぞれの立場での取組を関係図に整理する学習活動を通して，取組の相互関係や人々の協力関係が一目で分かるようにした。関係図に整理したり，関係図から学習問題について考えたりする際は，個人の考えをもつ時間を保証することで，自分の考えを言葉で表現し対話的に学習を進められるようにした。

2 「見方・考え方」を働かせた深い学びの実現

東京都新宿区で行われている国際交流等の取組は，国際交流をすることが目的ではなく，日本人も外国人も関係なく同じように関わり，共に生活したり滞在を楽しんだりすることができる，多文化共生のまちづくりが目的になっている点に特色がある。そこで，第８時では，区役所・新宿未来創造財団・商店・町会の取組を関係図に整理する学習活動を取り入れ，それぞれの立場で行われている取組の相互関係や協力関係に着目しながら学習問題について考えられるようにした。子どもたちが，見方・考え方を働かせながら関係図から分かったことや考えたことを交流することで，言葉の壁を低くしたり，国際交流活動によって外国人と日本人とのつながりをつくったりしている点で，それぞれの取組に共通点があることに気づき，立場を越えた協力関係によって多文化共生のまちづくりが進められていることについて深く理解することができると考えた。

6 資料等

1 つかむ場面で活用した資料例

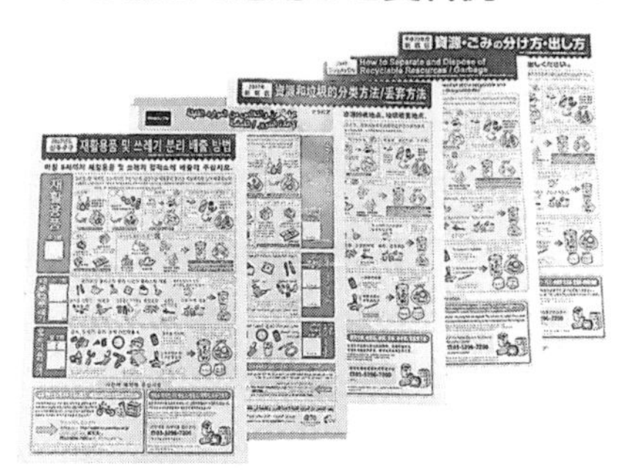

新宿区の資源・ごみの分け方・出し方（多言語対応）

都内の地域別外国人居住者数（2018年）

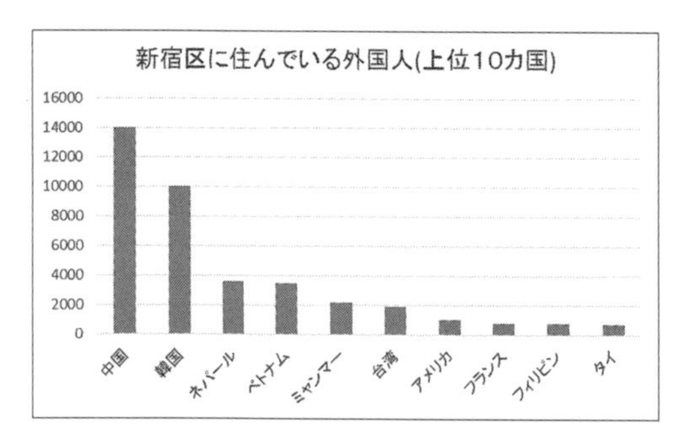

新宿区国別外国人居住者数（2018年）

外国人観光客がおとずれる
東京のまちランキング

１位　新宿
２位　浅草
３位　銀座
４位　渋谷
５位　秋葉原

平成28年度 国別外国人旅行者行動特性調査より

訪日外国人の都内訪問先ランキング

2 追究場面で活用した資料例

新宿区多文化共生推進課　Nさんのお話

新宿区では，多くの外国人がくらし，学び，活動しています。新宿区はこうした多様性を大切にして，国せきや民族等のことなる人々が互いの文化的違いをみとめ，理解しあい，共に生きていく多文化共生のまちづくりをすすめています。その取組の中心となって仕事をしているのが私たち多文化共生推進課です。

新宿区でくらしている外国の方々は自分が生まれた国や地域と，言葉だけでなく，文化や習慣も違う場所で過ごすわけですから，生活するのに困らないように，また，日本人の住民とも気持ちよくくらしていけるように様々なサポートが必要です。そのため，新宿区では，新宿でくらす外国人の方に，『新宿生活スタートブック』という本を配ったり，ごみの出し方についてのポスターを11か国語で作ったり，「しんじゅくニュース」という外国人向けの新聞を日本語・英語・中国語・韓国語で作ったりして言葉や習慣のかべを少しでも低くできるようにと取り組んでいます。

新宿区役所の方の話（インタビューをもとに筆者が作成した）

3 情報入手先

- 新宿区多文化共生推進課
- 東京都生活文化局
- 東京都産業労働局観光部企画課

7 本時の展開（3/8時）

1 目標

国際交流に取り組んでいる新宿区について，学習問題や予想，学習計画を考え，表現できるようにする。

2 展開

主な学習活動（・予想される児童の反応）	□資料　○留意点
1　**前時の学習を振り返る。** ・新宿区にはたくさんの外国人が住んでいることがわかった。	○前時の学習を振り返り，新宿区についてさらに調べようとする意欲を引き出してから，めあてをつかむようにする。
新宿区についての資料をもとに学習問題を作ろう。	
2　**新宿区についての資料をもとに，疑問に思ったことや調べたいことを交流して学習問題を作る。** ・住んでいる外国人だけでなく，観光で訪れる外国人も都内1位だなんてすごい。 ・どうして新宿区にはこんなに外国人が集まるのかな。	□図表「訪日外国人の都内訪問先ランキング」
なぜ新宿区には多くの外国人が集まるのだろう。	
3　**学習問題についての予想を考え，全体で交流する。** ・前の資料に，多言語のごみの捨て方ポスターがあったので，外国人が住みやすいように区が取組をしていると思う。 ・外国の人と交流できるようなイベントをしているのだと思う。 ・新宿にはお店もたくさんあるから，お店の人も何か取り組んでいると思う。 ・住みやすいなら町会も関係あると思う。 4　**予想をもとに学習計画を立てる。** ・新宿区の国際交流イベントを開いている人の取組について調べる。 ・お店や町会の取組について調べる。	□写真「新宿多文化共生プラザで日本語を学んでいる外国人の方々」 「国際交流イベントでお茶を楽しむ外国人の方々」 「商店の店内に掲示された外国語版フロアガイド」

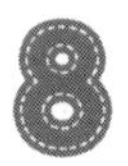

子どもの学びの様子

1 第5時の学習活動と児童のまとめから

第5時では，新宿未来創造財団の国際交流イベントについて調べた。その際，子どもたちがイベントの内容だけでなく，イベントを主催している人の思いに迫ることで，イベントのもつ意味を多文化共生のまちづくりとつなげて理解する姿が見られた。

> 新宿未来創造財団の人は，様々なイベントを開くことで，外国人も日本人も互いに交流できる機会をつくり，そこでできた人と人とのつながりを大切にしてもらうことで多文化共生のまちづくりを進めようとしていることがわかりました。

2 第8時「まとめ」の場面と児童の学習問題についての考えから

第8時では，区役所・新宿未来創造財団・商店・町会の取組を関係図に整理することで，それぞれの取組が相互に関連しており，協力しながら進められていることや，多文化共生のまちづくりという大きな目的をもって進められていることについて理解を深める姿が見られた。

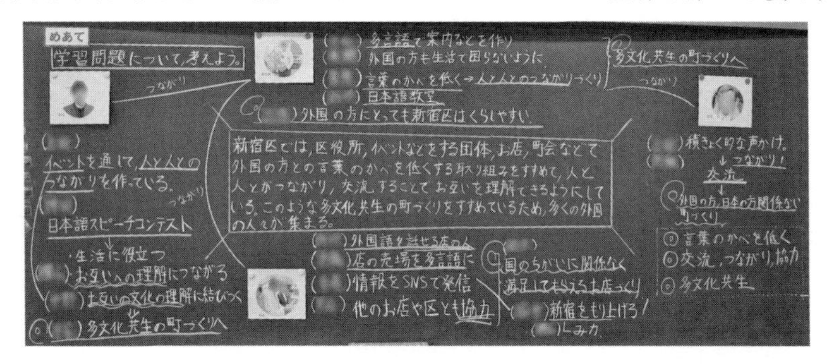

第8時板書

児童が書いた学習問題についての考え

> 新宿区では，区内に住んだり，訪れたりする外国人の増加に合わせて2つのことを意識しながらまちづくりに取り組んでいました。1つ目は，言葉の壁を低くすることです。区役所やお店では，案内板を多言語にする取組を進めていたし，新宿未来創造財団では，日本語スピーチコンテストを開いたりして，言葉の壁を低くするために取り組んでいました。
>
> 2つ目は，交流・つながり・協力です。例えば町会の人は，外国人に積極的に声かけをしたり，一緒にお祭りをしたりすることで交流していたし，財団では，イベントを通して人と人のつながりをつくり，お店や新宿区も協力して外国人と日本人のつながりを区内に広げるように取り組んでいました。これらの取組が目指しているのが，外国人，日本人関係なくくらし，訪れて楽しめる多文化共生のまちづくりです。このように新宿区では，様々な立場の人たちが国際交流に取り組み，多文化共生のまちづくりを進めているのでたくさんの外国の人々が集まるのです。

9 実践のまとめ

1 子どもの姿から

見方・考え方を働かせて，新宿区に多くの外国人が集まる理由について予想し，追究していくことで，区役所・新宿未来創造財団・商店・町会それぞれの取組について，事実を調べるだけでなく，その意味を考えながら追究する姿が見られた。

追究する段階で社会的事象の意味に迫る学びを積み重ねたことで，まとめる段階では取組の相互関係からその意味を見いだし，新宿区の国際交流を通した特色あるまちづくりである，多文化共生のまちづくりに迫ることができた。

追究する段階での児童のまとめ（下線部は取組の意味をとらえている）

○新宿区では，多言語のポスターを作ったり，日本語教室を開いたりすることで，言葉の壁を低くしたり，外国人と日本人のつながりをつくったりして，外国人も日本人も同じように生活できる，多文化共生のまちづくりを目指している。
○新宿未来創造財団では，国際交流イベントを通して，外国人と日本人のつながりをつくったり，互いの文化を理解できるようにしたりして，外国人，日本人関係なく関わり合えるようにしていくことで，多文化共生のまちづくりを目指している。
○お店では，多言語で表記したり，外国語が話せるスタッフを置いたりすることで，言葉の壁を低くして，外国人も日本人と同じように買い物を楽しんでもらえるように工夫している。他のお店や区役所と協力して，新宿の魅力を高められるようにしている。
○町会では，お店や道ばたで外国の方に会ったときに声をかけ合って交流している。地域の行事があるときは積極的に声をかけ，参加してもらうことで，互いへの理解を深めている。これからも，外国人，日本人関係なく過ごせるまちづくりを進めていこうと考えている。

2 考察

本実践から，国際交流に取り組んでいる地域の事例として，特色あるまちづくりとして国際交流に取り組んでいる地域を取り上げる価値が見えてきた。国際交流そのものを追究の対象にしてしまうと，取組を調べれば学習は終わってしまうが，「外国人が多く住み，訪れる」などといった地域の特色から問いを見いだすことで，子どもたちは見方・考え方を働かせながら異なる立場で行われる国際交流の取組の意味を考え，その相互関係に着目することで特色あるまちづくりに迫ることができたのである。

（吉岡　泰志）

【編著者紹介】

澤井　陽介（さわい　ようすけ）

昭和35年東京都生まれ。国士舘大学体育学部こどもスポーツ教育学科教授。昭和59年から東京都大田区，新宿区，世田谷区で小学校教諭，平成12年から都立多摩教育研究所，八王子市教育委員会で指導主事，町田市教育委員会で統括指導主事，教育政策担当副参事を経て，平成21年４月から国立教育政策研究所教育課程研究センター教育課程調査官（※併任：文部科学省初等中等教育局教育課程課教科調査官）。平成28年４月から文部科学省初等中等教育局視学官（※併任：国立教育政策研究所教育課程研究センター教育課程調査官）。平成30年４月から現職。

【執筆者一覧】

近井　祐介（北海道札幌市立資生館小学校）
磯野　哲英（神奈川県横浜市立平沼小学校）
河嶋　一貴（北海道札幌市立西野第二小学校）
井出　祐史（埼玉県川口市立本町小学校）
大坂　慎也（島根大学教育学部附属小学校）
武藤由希子（神奈川県横浜市立戸部小学校）
新宅　直人（東京都杉並区立天沼小学校）
佐藤　章浩（鳴門教育大学附属小学校）
佐野　純也（埼玉県川口市立飯仲小学校）
野中　智則（栃木県宇都宮市立陽光小学校）
龍野　聡平（大阪府大阪市立西天満小学校）
永井　健太（大阪府大阪市立磯路小学校）
中尾　　梓（鳴門教育大学附属小学校）
秋吉かおり（東京都江戸川区立西葛西小学校）
杉本　敬之（神奈川県横浜市立茅ケ崎小学校）
大下　尚子（東京都台東区立忍岡小学校）
梅村　　元（愛知県名古屋市立千種小学校）
宗像　北斗（神奈川県横浜市立中丸小学校）
齋藤　崇晴（栃木県宇都宮市立横川東小学校）
糟谷　友子（東京都新宿区立鶴巻小学校）
吉岡　泰志（東京都世田谷区立経堂小学校）

「見方・考え方」を働かせて学ぶ社会科授業モデル
３・４年

2019年９月初版第１刷刊　©編著者　澤　井　陽　介
発行者　藤　原　光　政
発行所　明治図書出版株式会社
http://www.meijitosho.co.jp
（企画）及川　誠（校正）西浦実夏
〒114-0023　東京都北区滝野川7-46-1
振替00160-5-151318　電話03（5907）6703
ご注文窓口　電話03（5907）6668

＊検印省略　組版所　株式会社アイデスク

Printed in Japan　ISBN978-4-18-287712-4